MW00478631

CIBERSEGURIDAD

MÓNICA VALLE

www.ciberseguridad.guiaburros.es

Primera edición: Mayo de 2018

Segunda edición: Junio de 2019

Tercera edición: Septiembre de 2019

ISBN: 978-84-948643-9-1

Depósito legal: M-14794-2018

Impreso en España/ Printed in Spain

Si después de leer este libro, lo ha considerado como útil e interesante, le agradeceríamos que hiciera sobre él una **reseña honesta en Amazon** y nos enviara un e-mail a **opiniones@guiaburros.es** para poder, desde la editorial, enviarle **como regalo otro libro de nuestra colección.**

Agradecimientos

Me complace expresar mi agradecimiento a todas las personas que han ayudado a que este libro sea una realidad.

A Sebastián, María José, Borja y la editorial Editatum, por darme su confianza y la oportunidad de aportar mi granito de arena al mundo de la seguridad informática. A Javier, por el empuje y posibilitar que ocurriera.

A todos los expertos en ciberseguridad, hackers y amigos del sector, por todo el conocimiento que me han transmitido. En particular a Josep, incansable divulgador, por su ayuda y aportaciones; la pasión por su trabajo es una inspiración.

A mi familia, por su confianza y apoyo incondicional. A María José, por su afecto y sus valiosas contribuciones. Y especialmente a Adrián, por tantos motivos que no existen palabras suficientes de gratitud.

Sobre la autora

Mónica Valle es periodista y comunicadora especializada en tecnología y ciberseguridad. Es fundadora y directora de Bit Life Media Tras pasar por diversas empresas tecnológicas y medios de comunicación, funda **Bit Life Media,** plataforma de información especializada en tecnología, ciberseguridad e innovación, que además proporciona servicios de producción audiovisual y marketing digital especializados.

En televisión, ha presentado entre otros programas el espacio sobre *hacking* y seguridad informática "Mundo Hacker", emitido en Discovery MAX y en La 2 de RTVE.

Es licenciada en Publicidad y Relaciones Públicas y licenciada en Comunicación Audiovisual por la Universidad Camilo José Cela, obtenido con Premio Extraordinario Fin de Carrera. Fue alumna de la primera promoción del Programa Superior de Presentadores de Televisión del Instituto Tracor y Universidad CEU San Pablo, que fue dirigido por Jesús Hermida. Ganó el accésit en el I Premio de Periodistas de Seguridad Informática de ESET y fue finalista en los Premios Bitácoras 2015.

Asimismo, tiene una amplia experiencia profesional como maestra de ceremonias, moderadora de mesas redondas y presentadora en eventos. Es también ponente sobre divulgación en seguridad informática, tecnología y comunicación, y colaboradora en espacios de radio.

Índice

Prólogo

De una forma u otra, la mayoría de nosotros usamos Internet y esto nos abre todo un mundo de posibilidades ofreciéndonos numerosas ventajas. No obstante, los delincuentes siempre están al acecho y, actualmente, Internet es uno de sus campos de actuación preferidos por lo que debemos aprender a reconocer los riesgos a los que nos enfrentamos para poder hacerles frente de forma eficaz.

Muchos usuarios tiran la toalla incluso antes de intentar siquiera aprender a usar Internet y la tecnología de forma segura, asumiendo que no disponen de los conocimientos necesarios. Sin embargo, este libro demuestra que cualquiera es capaz de mejorar su seguridad y privacidad online siguiendo unas sencillas pautas que Mónica Valle describe de forma fácil y comprensible.

Sin duda alguna, este libro servirá de guía a usuarios de todas las edades y esperamos que ayude a hacer de Internet un lugar más seguro.

Josep Albors

Experto en ciberseguridad

Head of Awareness & Research de ESET España

Propósito

El objetivo de este libro es explicarte, de una forma sencilla y clara, las implicaciones que tiene la ciberseguridad en tu día a día. Todos nos enfrentamos a ella de alguna forma, seamos conscientes de ello o no. Simplemente, navegando por internet o usando un teléfono inteligente.

A lo largo de estas páginas vamos a hacer un recorrido por los distintos ataques informáticos y ciberdelitos más comunes que afectan a los usuarios.

La finalidad es que la seguridad informática deje de ser un concepto abstracto, complejo o lejano. Y sobre todo, que puedas aplicar de forma sencilla a tu rutina los consejos más básicos para tener una vida digital más segura, sin que conlleve un gran esfuerzo.

Con este propósito, vamos a huir de las definiciones más técnicas o complicadas, o los aspectos de la ciberseguridad que no atañen al usuario directamente. Se usan extranjerismos y palabras que te pueden resultar *raras*. Es inevitable. Pero todas ellas serán explicadas, y es necesario conocerlas ya que forman parte del lenguaje de la seguridad informática.

En ciberseguridad es mejor *prevenir que curar*. La mayoría de los problemas provocan importantes daños, a veces muy difíciles de revertir. Las soluciones tecnológicas de seguridad ayudan y son muy importantes, pero no infalibles. Por eso este libro se centra ante todo en la prevención con acciones que el usuario puede llevar a cabo en su día a día. La ciberseguridad no es un asunto meramente tecnológico, es un asunto social, que afecta a una gran parte de la población. Estás a punto de emprender un importante viaje que te permitirá tener una vida digital más segura.

Qué es la ciberseguridad

Vivimos en una era digital, dominada por las nuevas tecnologías. Estas nos han brindado toda clase de oportunidades y beneficios, pero lamentablemente, también están siendo el vehículo y el instrumento para cometer actos delictivos.

Sin embargo, el hecho de que unas herramientas tan valiosas sean usadas con malas intenciones no implica que sean perjudiciales o tengamos que dejar de usarlas; significa que tenemos que aprender a utilizarlas correctamente, conociendo cuáles son esos riesgos que pueden existir, saber detectarlos y evitarlos en la medida de lo posible. La prevención es una de las herramientas clave para hacer frente al cibercrimen.

> La **ciberseguridad** o seguridad informática tiene como principal objetivo proteger la información y los sistemas informáticos de posibles ataques e intrusiones, a través de un conjunto de técnicas, herramientas, normativas y acciones concretas.

En definitiva, la ciberseguridad consiste en **poner un candado en nuestras vidas digitales**. Proteger nuestros dispositivos y a nosotros como usuarios, reduciendo al máximo los posibles riesgos con las herramientas que están a nuestra disposición. Tenemos la falsa sensación de que en internet no nos puede pasar nada, no lo consideramos una extensión de nuestra vida real. En la calle, ponemos todo tipo de protecciones y evitamos riesgos. Cuando salimos de casa, cerramos la puerta con llave, miramos a ambos lados antes de cruzar la calle. Tomamos precauciones en situaciones desconocidas, y jamás se nos ocurriría repartir fotografías nuestras en mitad de la calle. Sin embargo, usamos las tecnologías sin conocer los posibles riesgos o poner precauciones. En internet y en las redes sociales compartimos todo tipo de información personal sin pensar dos veces en las consecuencias.

Tener nociones elementales en ciberseguridad es posible para cualquier usuario, es asequible, y, ante todo, es muy necesario. Suelen ser habituales las frases del tipo: "esto no me va a pasar a mí", o "para qué querría alguien mis datos". La realidad es que cualquiera de los ciberdelitos que se describen en este libro te pueden pasar a ti, a tus amigos o a tu familia. Y tus datos son muy valiosos. La concienciación en esta materia es fundamental.

Hay una cosa que debemos tener clara: la ciberseguridad completa, al 100% no existe. Al igual que en la vida real, por muchas medidas de protección que pongamos, nada garantiza la seguridad completa. Lo que no quiere decir que no debamos poner las barreras necesarias.

En el mundo virtual, podemos hacer mucho para que nuestras vidas digitales sean lo más seguras posible: estar informado y conocer las diferentes técnicas de ataque a las que podemos estar expuestos es vital para poder detectarlas a tiempo y evitar futuros problemas.

Según Internet World Stats, en el mundo hay más de 4156 millones de internautas, lo que supone el 54,4 % de la población total. Este número ha aumentado en un 1052 % desde el año 2000.

Hacker y ciberdelincuente: no son lo mismo

Qué es un *hacker*

Existe cierta confusión acerca de qué términos usar para referirnos a aquellas personas que hacen uso de las tecnologías con fines ilegítimos, y los que se encuentran al otro lado, defendiendo y protegiendo esas tecnologías. Una confusión comprensible, por otra parte.

Durante años, a través de las películas, series y medios de comunicación, hemos "aprendido" que un *hacker* es alguien *malo*. Un personaje extraño y oscuro que suele desarrollar sus malvadas actividades en los bajos fondos de internet desde el sótano de su casa, ataviado casi siempre con una capucha o en su defecto con un pasamontañas. Haz una prueba. Realiza una búsqueda rápida de la palabra "*hacker*" en las imágenes de Google. Lo que vas a encontrar son cientos de fotografías e ilustraciones que siguen este patrón. Pero nada más lejos de la realidad.

Conocer estos términos no va proteger nuestras vidas digitales, pero sí es importante que aumente la cultura general de la ciberseguridad en la sociedad, y los términos y conceptos son importantes en esa cultura.

El sector del *hacking* y la ciberseguridad lleva luchando desde hace años para que el término *hacker* deje de tener en el imaginario colectivo esa connotación negativa y delictiva. No hay una definición oficial (hablaremos más adelante de la definición académica), pero esta es una propuesta:

> **Hacker:** Experto con profundos conocimientos en informática y tecnología, que investiga y descubre fallos de seguridad en los sistemas informáticos, además de protegerlos contra posibles ataques informáticos.

La mayoría de los *hackers* tienen en común el entusiasmo por superar estos problemas y encontrar vulnerabilidades, que luego son reportadas a los desarrolladores del *software* o sistema según el caso.

Las posibilidades dentro del *hacking* son numerosas, y la especialización es imprescindible. Por ejemplo, se requieren unos conocimientos diferentes para investigar fallos de seguridad en un dispositivo móvil que los necesarios para asegurar una red inalámbrica.

Durante años, la definición de *hacker* en el diccionario de la Real Academia Española ha estado reducida a dos palabras: *pirata informático.* Una definición que no contentaba a los propios *hackers*, ya que no se ajusta a la realidad y puede crear confusión. Recientemente, la Academia ha incorporado una segunda acepción, que dice así: *"Persona experta en el manejo de computadoras, que se ocupa de la seguridad de los sistemas y de desarrollar técnicas de mejora"*.

Esta nueva acepción se acerca más a la realidad, aunque la de "pirata informático" sigue vigente.

Es interesante comentar que el sector de la ciberseguridad no está formado exclusivamente por *hackers*, sino que en él trabajan profesionales de todo tipo. Expertos en las múltiples ramas de la seguridad informática como investigadores, consultores, abogados, formadores, o especialistas de los Cuerpos y Fuerzas de Seguridad del Estado, entre muchos otros.

El lado *oscuro*

En el lado contrario a los *hackers* e investigadores de seguridad, encontramos al ciberdelincuente o cibercriminal.

> ***Ciberdelincuente:*** Persona que, usando como medio o herramienta las tecnologías o internet, realiza actividades delictivas como el robo de dinero o información, estafas, acceso a sistemas privados, desarrollo de *software* malicioso u otro tipo de ciberataques y actos ilegales.

El término *cibercriminal* también es muy usado, aunque tiene una connotación más grave. En español, distinguimos los conceptos de "delito" y de "crimen". El crimen es un delito más grave. Sin embargo, en inglés la palabra *crime* significa al mismo tiempo "delito" y "crimen". Al estar muchos de los textos traducidos del inglés (*cybercriminal*), y a causa de que muchos de los términos tecnológicos provienen de este idioma, se han estado usando estas dos palabras (ciberdelincuente y cibercriminal) como sinónimos.

Cibercrimen o ***ciberdelincuencia*** son los términos más empleados para definir a todas las actividades delictivas realizadas a través de internet o con medios informáticos.

Al igual que ocurría antes, ciberdelincuencia y cibercrimen se suelen usar indistintamente, al provenir muchas de las interpretaciones del inglés, que usan la palabra *cybercrime*.

Para cometerse un ciberdelito, este tiene que haberse realizado a través de ordenadores u otros dispositivos informáticos, y tener como objetivo provocar un perjuicio, o incluso destruir o impedir el uso de otros sistemas.

En la actualización de la RAE mencionada anteriormente, también se ha añadido la palabra *cracker*, que redirige directamente a la definición de "pirata informático". Por lo general, en la literatura y textos en castellano sobre la materia, *cracker*, entendido como la persona que realiza actos ilícitos a través de medios informáticos, es un término mucho menos usado que ciberdelincuente o cibercriminal.

> En la industria de la ciberseguridad, se usa también en ocasiones el término de *hacker ético*, para definir al *hacker* bueno y diferenciarlo del "ciberdelincuente".
> También es corriente la expresión *White Hat Hacker* ("*hacker* de sombrero blanco"), para referirse a los expertos de compañías que trabajan en áreas de seguridad informática, protegiendo los sistemas. En contraposición, *Black Hat Hacker* ("*hacker* de sombrero negro"), se refiere a los que se encuentran en el "lado del mal", rompiendo la seguridad de los sistemas o desarrollando virus informáticos.

El cibercrimen en la actualidad

Para hacernos una idea de la importancia que tiene la ciberseguridad en nuestros días, tan solo tenemos que echar un vistazo a las cifras sobre ciberdelitos y cibercrimen. Son datos que aumentan cada año de forma exponencial en todos los estudios e investigaciones sobre la materia.

El cibercrimen se ha convertido en un verdadero problema, que afecta directamente a los ciudadanos y usuarios. No parece existir ninguna posibilidad de que las cifras se reduzcan. Al contrario, están en constante aumento.

El Instituto Nacional de Ciberseguridad de España (INCIBE) gestionó 123 064 incidentes de seguridad en 2017. De ellos, 116 642 afectaron a empresas y ciudadanos, aumentando un 7 % respecto al año anterior.

El cibercrimen se ha convertido en un negocio muy lucrativo y rentable, que tiene menos consecuencias que realizar, por ejemplo, un robo físico. Hay determinados tipos de ciberdelincuencia relativamente fáciles de llevar a cabo, con mucha rentabilidad económica, y poco riesgo. Investigar un ciberdelito es más complicado, ya que entra en juego la difícil trazabilidad de la red.

También influye, de alguna manera, del escaso conocimiento de la ciudadanía en general sobre ciberseguridad y la falta de buenas prácticas y medidas de protección necesarias en el uso de internet.

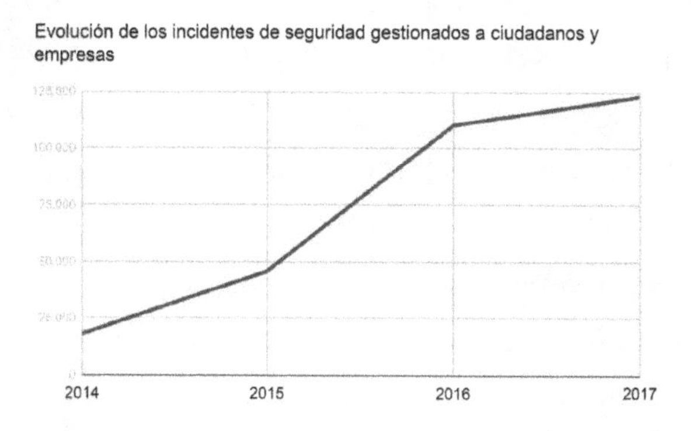

Fuente datos: Instituto Nacional de Ciberseguridad (INCIBE)

Un poco de historia: los primeros virus informáticos

Antes de entrar más en materia sobre el estado de la ciberseguridad, echemos un poco la vista atrás para entender cómo ha evolucionado desde sus comienzos.

El primer prototipo de virus informático documentado data de 1971. Aún no existía internet como lo conocemos hoy en día, sino su precursora: ARPANET, la red de comunicaciones del Departamento de Defensa de Estados Unidos.

En esta red empezó a reproducirse un programa llamado ***Creeper*** ("enredadera") creado como un experimento por un ingeniero, Robert (Bob) Thomas. En sí mismo no se trataba de un *software* malicioso ni estaba diseñado para causar daño, sino que era un proyecto de laboratorio para averiguar si era posible crear un programa capaz de moverse entre ordenadores. *Creeper* solo era capaz de clonarse a sí mismo saltando de un ordenador a otro, mostrando en la pantalla este mensaje: "*I'm the creeper, catch me if you can!*" ("*Soy una enredadera... ¡atrápame, si puedes!*").

Para hacer frente a este programa, se desarrolló el que se considera también el primer antivirus de la historia, llamado oportunamente *Reaper* (segadora).

Sin embargo, por aquel entonces no existía aún el concepto como tal de virus informático, que surgió en los años 80 junto con los primeros virus informáticos modernos. No hay un consenso sobre cuándo nació internet como tal, pero se suele mencionar la fecha de 1983, cuando ARPANET adoptó el protocolo TCP/IP (el protocolo de intercambio de datos que usamos en la actualidad).

Además de los casos experimentales iniciales, los principales objetivos de los primeros virus informáticos eran los de ver hasta dónde eran capaces de llegar los desarrolladores con sus creaciones, llamar la atención o incluso gastar una broma.

Según apuntan los expertos, el primer virus informático conocido que tuvo una expansión real (y no creado meramente como una investigación en laboratorio) fue ***Elk Cloner***, desarrollado para el ordenador Apple II en 1982. El primer *software* malicioso para PC se creó en 1986, denominado **Brain**, y afectaba a los IBM PC

(Personal Computer u ordenadores personales) de la época. Se dice que provocó el nacimiento de las primeras compañías fabricantes de antivirus.

Atrás quedaron en ese momento los virus informáticos creados como experimentos o divertimentos para demostrar las capacidades de sus creadores. Con el paso del tiempo, el objetivo de estos virus dejó de ser un pasatiempo o una muestra de habilidades para sus autores, para convertirse en una actividad maliciosa. El estímulo para llevarlos a cabo pasó de la notoriedad o la investigación a la recompensa económica.

El negocio del cibercrimen

El cibercrimen comenzó a generar mucho dinero. Los delincuentes se dieron cuenta de que gracias a internet, a las nuevas tecnologías y las posibilidades que estas ofrecen (como el anonimato o la capacidad de expansión), se podían llevar a cabo delitos de forma relativamente sencilla, sabiendo que su detección era muy difícil, prácticamente imposible en algunos casos. Los fraudes y estafas se podían cometer a través de la red. Los delincuentes pasaron a ser ciberdelincuentes, y el cibercrimen se convirtió en un negocio muy lucrativo. Al igual que en el resto de actividades económicas y comerciales, el negocio del cibercrimen ha ido evolucionando, adaptándose a las nuevas situaciones y aprovechando las nuevas tecnologías que han ido surgiendo.

Un problema a escala mundial

Es muy difícil calcular cuánto dinero mueve, ya que se trata lógicamente de un mercado sumergido. Diversas investigaciones estiman que el cibercrimen tiene un impacto aproximado en la economía global de unos 600 000 millones de dólares a nivel mundial, lo que supone del 0.8 % al 1 % del PIB mundial.

El coste del cibercrimen incluye entre otros factores: el daño y destrucción de los datos, el dinero robado, pérdida de productividad, robo de propiedad intelectual, de datos personales y bancarios, fraudes, investigación de los ataques, restauración de los sistemas atacados, costes de reputación…

El Foro Económico Mundial incluye desde 2014 los ciberataques y el robo de datos como uno de los cinco mayores riesgos globales, junto con las catástrofes naturales o el cambio climático. De hecho, los cibercriminales no solo han ido sofisticando sus técnicas de ataque, sino también sus organizaciones. Las investigaciones al respecto apuntan a que las bandas cibercriminales se han ido profesionalizando con el paso del tiempo, hasta convertirse en auténticas organizaciones cibercriminales, estructuradas y jerarquizadas.

La tendencia es que siga aumentando, tanto la profesionalización, como el número de delitos cometidos a través de la red. Precisamente, uno de los *modus operandi* es realizar ataques masivos, en los que cualquiera de nosotros puede ser un potencial objetivo.

Por supuesto, también contamos en la actualidad con diferentes instituciones que se encargan de luchar contra estos ciberdelitos, investigarlos e informar al ciudadano, a las empresas y a otros organismos. Los Cuerpos y Fuerzas de Seguridad del Estado, por ejemplo, disponen de departamentos especializados que investigan y nos protegen de este tipo de delitos digitales. En el siguiente recuadro se nombran algunos de ellos.

Algunos organismos de interés.

- **Instituto Nacional de Ciberseguridad (INCIBE).** Ofrece información, formación y concienciación a diferentes colectivos, como pymes, profesionales y ciudadanos, además de desarrollar proyectos de investigación e innovación. La Oficina de Seguridad del Internauta (OSI) provee información actualizada y consejos sobre ciberseguridad para usuarios.
  → https://www.incibe.es/ - https://www.osi.es/
- **Centro Criptológico Nacional (CCN).** Adscrito al Centro Nacional de Inteligencia (CNI), tiene entre otras misiones, la de realizar investigaciones criptográficas, además de formar y certificar en las tecnologías de la información. Cuenta con un CERT, un centro de respuesta a incidentes de seguridad sobre la Administración y organizaciones estratégicas. En su *web* informan sobre el nivel de alerta de ciberseguridad general y ofrecen avisos sobre vulnerabilidades informáticas que afectan al conjunto de los ciudadanos.
  → https://www.ccn-cert.cni.es/
- **Grupo de Delitos Telemáticos (GDT).** Dentro de la Unidad Central Operativa de la Guardia Civil, se encarga de investigar los delitos cometidos a través de internet. Sus

cuentas en redes sociales son muy activas, publicando consejos y alertando sobre campañas de fraude online, bulos y otro tipo de amenazas. En la *web* te puedes poner en contacto con ellos e informarte acerca de cómo denunciar un ciberdelito. → https://www.gdt.guardiacivil.es

- **Unidad de Investigación Tecnológica (UIT)**. Es la unidad del Cuerpo Nacional de Policía que se ocupa de actuar ante las distintas formas de delincuencia *online* y velar por la seguridad de los internautas. A través de la web de denuncia se puede solicitar información a esta unidad especializada, o comunicar hechos presuntamente delictivos relacionados con delitos tecnológicos.
  → https://www.policia.es/colabora.php
- **Mando Conjunto de Ciberdefensa**. Creado en 2013, es un organismo dependiente del Jefe de Estado Mayor de la Defensa, que vela por garantizar la seguridad de las redes del Ministerio de Defensa y dar respuesta a amenazas en el ciberespacio o a la Defensa Nacional. → http://www.emad.mde.es/CIBERDEFENSA/

¿Para qué quieren mis datos?

Uno de los motivos por los que los usuarios no prestan la suficiente atención para proteger sus dispositivos o información, es porque consideran que esta no tiene valor. Esto no es así, veremos por qué.

Hemos visto que el cibercrimen ha aumentado considerablemente, pero ¿cómo consiguen ganar tanto dinero? Existen muchas formas, pero en lo que afecta a los usuarios, los tres principales métodos más usados (en la actualidad) son: el robo de dinero a través de diversos tipos de fraude o software malicioso, la extorsión online y la venta de datos e información personal robada.

Las técnicas evolucionan rápidamente, y existen otras formas que van ganando terreno. A medida que vaya evolucionando la tecnología, surgirán nuevos métodos de ataque. Pero muchos de ellos, sin duda, seguirán ligados a la obtención ilícita de datos personales para traficar con ellos.

Toda la información es valiosa

Es habitual que los usuarios pensemos que nuestros datos no tienen valor. Entendemos que un clonado de nuestra tarjeta de crédito o el robo de nuestros datos bancarios sí pueden tener valor, ya que se pueden aprovechar de ello con efecto inmediato. Pero, ¿para qué va a querer alguien mi información personal?

La realidad es que toda información y todo dato es valioso. Y todos tienen un precio. Las tarifas fluctúan con el tiempo, en mercados que funcionan según la oferta y la demanda.

Los métodos para obtener esos datos son cada vez más variados. Una técnica muy popular es el *phishing,* que veremos en un apartado específico más adelante. Este método consiste en engañar a los usuarios para conseguir sus datos, haciéndose pasar por una organización legítima.

Los ciberdelincuentes pueden hacerse con grandes cantidades de datos también a través de ciberataques a las bases de datos de las compañías. En los últimos años hemos sido testigos de algunas de las mayores brechas de datos de la historia, y a cada cual que se produce parece que se van superando los récords.

¿Qué tipo de datos buscan? Direcciones de correo electrónico, números de seguridad social, cuentas de servicios *online*, datos bancarios o de tarjetas de crédito, y cada vez más, datos médicos.

Una vez que han obtenido los datos, los ciberdelincuentes trafican con ellos. Así es como obtienen el dinero. Una de las formas de venderlo es a través de los mercados negros de internet, dentro de la *dark web*, donde son comprados habitualmente por otros cibercriminales que, o bien obtienen dinero directamente (si se trata de información de tarjetas de crédito, por ejemplo), o los usan para perpetrar otras campañas de ciberataques.

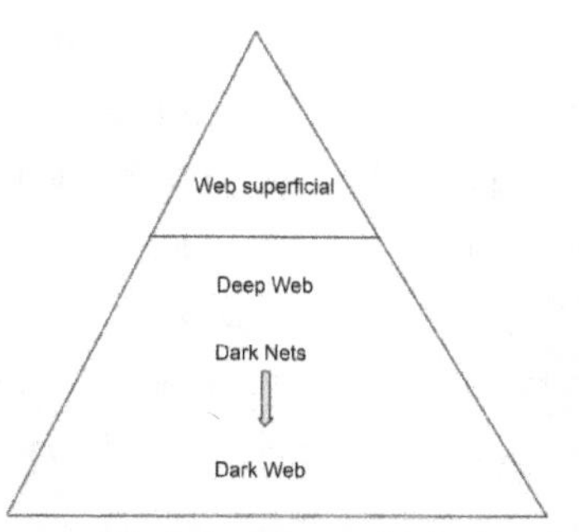

Figura: representación de la web superficial y la web profunda

Internet está compuesto por diversas "porciones". Lo que los usuarios solemos llamar internet es la web superficial. Por debajo se encuentra la denominada *Deep Web*, o "web profunda".

Para describir este sistema, se usa tradicionalmente el esquema visual de un iceberg. La web superficial está por encima del agua, el resto (*deep web*, *dark web*), por debajo de ella. Aunque algunos expertos no estén totalmente de acuerdo con esta teoría, es un método sencillo para comprenderlo.

- **Web superficial.** La *Surface Web* es la punta del iceberg, que sobresale del agua. Es internet, según lo conocemos todos los internautas. En la web superficial se encuentra toda la información a la que accedemos de forma pública, como páginas web, redes sociales y toda la información que está indexada en los buscadores. El contenido indexado es todo aquel que podemos encontrar haciendo una búsqueda en Google, Yahoo o Bing, por ejemplo. La navegación en esa superficie deja una huella, y los usuarios son fácilmente rastreables a través de su IP, (el "número" que identifica a un usuario en la red). Son millones (se estima que miles de millones) las páginas web alojadas en esta capa de la red, aunque no se sabe su número exacto.

- **Deep Web.** Se estima que, de toda la información que hay en la red, aproximadamente el 90% no es accesible a través de los motores de búsqueda. Es decir, no se puede acceder de forma pública, no está indexada. Esto es lo que se considera la internet profunda o *Deep Web.* Se accede a través de un link directo o a través de servicios, mediante credenciales. Gran parte de este contenido se compone, por ejemplo, de bases de datos, los correos electrónicos que están en los servidores, o los datos guardados en los servicios de almacenamiento en la nube.
- **Dark Web.** En ocasiones, cuando se habla de *Deep Web* para relacionarla con actividades delictivas, en realidad se alude a la *Dark Web*, la parte más oscura de internet. Está dentro de la *Deep Web*, es una parte de ella. Su información también se encuentra oculta a los buscadores; es más, se suelen necesitar programas y buscadores específicos para acceder a los datos alojados en ella. Estos buscadores proveen anonimato, ya que permiten enmascarar la IP del usuario. Esta es una de las características que ha permitido que en esta parte de la web se aloje contenido ilegal.
- **Dark Net.** Son las redes y tecnologías usadas para compartir y acceder al contenido de la *Dark Web.* La red TOR es una de las más populares. Debido al anonimato que proveen, son las redes utilizadas para vender y acceder a todo tipo contenido ilícito, como los datos obtenidos mediante ciberataques, tráfico de drogas, venta ilegal de armas u objetos robados. Pero también se usa con fines no delictivos, y de hecho ese fue su origen. Por ejemplo, son utilizados por personas en países con bloqueo al acceso a internet, para poder compartir y acceder a información escapando de la censura.

La clave para los ciberdelincuentes es actuar de forma masiva, para que sus ataques sean lo más rentables posible. Robar una dirección de correo electrónico no tiene mucho valor, pero un millón de direcciones, sí.

Las cifras pueden variar. Algunas investigaciones recientes sobre estos mercados ilegales señalan que las tarjetas de crédito robadas se venden desde 5 hasta 50 dólares, dependiendo de factores como el saldo disponible en la cuenta o la información que se ofrece (como el CVV2 o de dónde procede la tarjeta).

Las cuentas de usuario de los servicios y tiendas online más populares, como Amazon, cuestan entre 0,7 y 6 dólares. Las de PayPal, servicio con el que se pueden realizar pagos, son más caras, entre 1 y 80 dólares, en función del saldo que haya en ellas.

Por una cuenta robada de correo electrónico de Gmail o de Yahoo se paga entre 0,7 y 1,2 dólares. Cuentas de otros servicios como Uber o Netflix no superan los 2 dólares, y de redes sociales como Twitter alcanzan los 3 dólares. Es por esto que los robos tienen valor para los ciberdelincuentes cuando consiguen grandes volúmenes de información.

Las páginas de venta de información robada funcionan como cualquier tienda online, en las que los cibercriminales tan solo tienen que registrarse, adquirir lo que deseen, y pagar, habitualmente con Bitcoin u otras criptomonedas. Estas se usan porque permiten mantener el anonimato de los compradores, ya que son prácticamente imposibles de trazar. En el caso de las criptomonedas, de nuevo encontramos un ejemplo de tecnología beneficiosa que es usada por unos pocos con malas intenciones.

En 2016, el porcentaje de usuarios que reconocieron tener un incidente de seguridad alcanzó el 64,2%, según datos de la ONTSI.

Suplantación de identidad

El incentivo económico es una de las principales motivaciones de los ciberataques, pero no la única, o por lo menos no directamente. En ocasiones, los datos personales robados, como nombre, apellidos, fotografía o dirección, pueden ser usados para contratar servicios *online*, o para suplantar la identidad de la víctima en redes sociales o plataformas de internet. Estos casos pueden llegar a ser graves y acarrear muchos problemas a los afectados.

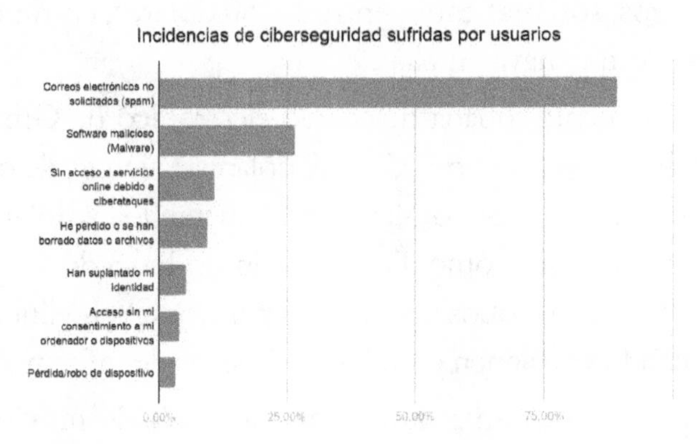

Datos de 2016. Fuente: CCN-CERT

Existen plataformas *online* en las que se puede consultar si nuestra dirección de correo electrónico ha sido comprometida y se encuentra disponible a la venta o en alguna de las bases de datos filtradas que existen en la red. Una de las más populares es https://haveibeenpwned.com/

Tipos de ciberamenazas más comunes y cómo detectarlas

Son muchas las amenazas que podemos encontrar en la red, y que se pueden perpetrar mediante el uso de las nuevas tecnologías. Para referirnos a ellas usamos diversos términos, siendo los más comunes "ciberdelito" y "ciberataque". No existen definiciones oficiales para cada una de ellas, así que proponemos estas dos:

- **Ciberdelito** o **delito informático** son los términos usados genéricamente para referirse a las actividades ilícitas que son realizadas a través de internet o mediante herramientas tecnológicas, como ordenadores, móviles o cualquier otro tipo de dispositivo.

  Veremos más adelante cuáles los más comunes y que más afectan a los usuarios de forma más detallada. Algunos de ellos son el ciberacoso o el fraude.

- **Ciberataque** o ataque informático se refiere a todas las acciones realizadas contra sistemas informáticos de usuarios, empresas u organismos con el objetivo de dañarlos, robar información o conseguir un beneficio económico.

  El *ransomware* u otros tipos de *malware*, por ejemplo, son considerados ciberataque.

La diferencia entre ambas se encuentra en que los ciberdelitos no siempre persiguen un beneficio económico, como el acoso a través de la red, y para su realización se usan dispositivos tecnológicos pero no se necesitan conocimientos avanzados. Por ejemplo, en el caso del acoso *online*, los acosadores usan servicios de mensajería para acosar a sus víctimas, pero no necesitan tener conocimientos sobre programación o informática.

En el caso de los ciberataques sí se requieren conocimientos informáticos más avanzados para llevarlos a cabo. Por ejemplo, para desarrollar un *software* malicioso que infecte un ordenador, se necesitan conocimientos en programación.

En cualquier caso, todos ellos los podemos considerar amenazas cibernéticas o ciberamenazas. Ahora vamos a adentrarnos en estas amenazas más comunes, las que afectan de forma directa a los usuarios e internautas. Vamos a describir los incidentes de seguridad más habituales que atañen a los usuarios. Además de aprender a reconocerlos, se darán consejos para saber cómo prevenirlos y evitar ser una víctima de ellos.

Spam y fraudes a través del correo electrónico

Comencemos por los que son algunos de los problemas más comunes, y probablemente las técnicas más usadas por los ciberdelincuentes a lo largo de los años. Nunca pasan de moda. Son económicas, no requieren de una gran inversión llevarlas a cabo ni profundos conocimientos técnicos, y son muy eficaces.

Es importante reconocer este tipo de amenazas y protegernos de estos correos electrónicos fraudulentos para evitar que nuestra información llegue a manos de desconocidos y la usen sin nuestro consentimiento.

El *spam*

> ***Spam:*** También llamado *correo basura* o *correo no deseado*. Se trata de correos electrónicos que son enviados de forma masiva a una gran cantidad de destinatarios. En la mayoría de las ocasiones tienen un contenido publicitario o comercial.

En qué consiste

¿Quién no ha recibido nunca correos electrónicos comerciales o con publicidad que no hemos solicitado jamás?

Cualquiera que use el *e-mail* está más que acostumbrado a este tipo de correos que saturan nuestros buzones.

El *spam* es una auténtica epidemia, muy difícil de eliminar por completo, si bien es cierto que las estadísticas al respecto de su nivel de propagación revelan que se ha reducido. Hace unos años, el *spam* suponía hasta el 80 % del total de correos electrónicos, cifra que ha disminuido considerablemente.

Aunque es lo más común, el *spam* no solamente afecta al correo electrónico, sino también a otros servicios como redes sociales, servicios de mensajería o SMS. Cualquier servicio en el que se puedan recibir notificaciones es susceptible de tener mensajes no deseados.

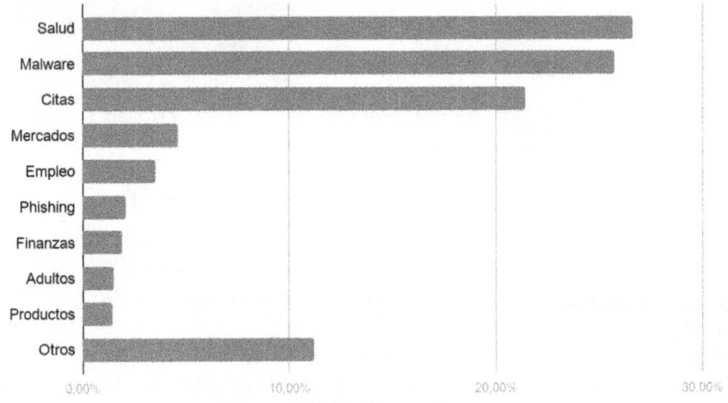

Datos de 2017. Fuente: Statista

El más frecuente es el publicitario. Muchas veces procede de un remitente desconocido, con la intención de anunciar un producto o servicio. Los productos pueden ser legítimos, pero en muchas ocasiones anuncian falsas formas de hacerse ricos, productos más que dudosos o servicios que están en la frontera de la legalidad.

El objetivo de los *spammers* (como se denomina a quienes envían o distribuyen estos correos) es llegar al mayor número de personas posible, ya que se basan en probabilidades: saben que uno de cada cientos o miles de envíos tendrá éxito. Así que cuantos más, mejor.

Los *spammers* consiguen las direcciones de *e-mails* rastreando la web en busca de direcciones publicadas abiertamente, o adquieren bases de datos. Posteriormente distribuyen estos correos masivos a través de *botnets*.

> **Botnet:** Se trata de una red de ordenadores o servidores denominados *bots* (robots), que están controlados de forma remota por un ordenador central.

Los *bots* suelen ser ordenadores o dispositivos infectados de víctimas que desconocen que sus equipos forman parte de estas redes. Los ciberdelincuentes usan la capacidad de estas *botnets* (que se pueden componer de cientos o miles de ordenadores) para perpetrar diferentes tipos de de ataques. Uno de ellos es el envío masivo de correos.

La Oficina de Seguridad del Internauta cuenta con un servicio "*antibotnet*" para detectar si tu equipo está infectado y forma parte de una de estas redes conocidas. Puedes comprobarlo en: https://www.osi.es/es/servicio-antibotnet

Asimismo, algunos *spammers* también lanzan campañas de *spam* con el objetivo de recabar nuevas direcciones de correo, y a su vez vender estas enormes bases de datos a otros *spammers* o ciberdelincuentes, convirtiéndose en un círculo vicioso.

Uno de los motivos en la disminución total del *spam* es la lucha constante de autoridades y la industria de la ciberseguridad contra las redes criminales que están detrás de las *botnets* que propagan estos correos. Otra de los causas es que muchos de los proveedores de correo electrónico cuentan con sistemas que detectan automáticamente este tipo de *e-mails*, y los almacenan en la carpeta de "correo no deseado". Además, existen soluciones de seguridad específicas para este tipo de correos, que son muy recomendables.

Sin embargo, algunos de estos correos son más sofisticados, escapan a las herramientas *antispam* y llegan hasta nuestra bandeja de entrada.

Asunto: Pierde peso con este producto milagroso

¿Las dietas tradicionales no funcionan? ¡Descubre el secreto de los famosos para perder peso!

* Suplemento sin prescripción médica

* Componentes 100 % naturales

* Resultados inmediatos

* Te devolvemos el dinero si no estás conforme

Solo hoy: ¡50 % de descuento!

No esperes más. Compra aquí [Enlace]

Ejemplo de mensaje de spam

En cualquier caso, el *spam* sigue siendo un problema usual y los *spammers* han ido evolucionando sus técnicas.

El daño directo al usuario (aparentemente) no es grande. La mayoría de las campañas tienen un fin meramente comercial y no conllevan consecuencias, más allá de la pérdida de tiempo al tener que eliminarlo. Pero en muchas ocasiones se puede confundir con estafas o correos maliciosos o campañas de *phishing*, mucho más peligrosas.

Por otro lado, determinadas campañas pueden ser la puerta de entrada de fraudes o *phishing*, como veremos más adelante. En algunos casos, pueden incluir adjuntos o enlaces con contenido malicioso.

Consejos básicos y prevención

- **Evita hacer pública tu dirección de correo electrónico en páginas web o foros.** Ese *e-mail* será indexado por los buscadores, y con una búsqueda avanzada pueden encontrarlo. Los emisores de *spam* rastrean internet para detectar direcciones que se han escrito públicamente en foros, blogs o páginas web. Si tienes que hacerlo, no la publiques completa; modifícala para que no la puedan detectar. Por ejemplo, escribe: nombre[arroba]email[punto]com en lugar de nombre@email.com.

- **Piénsalo bien antes de dar tus datos a empresas de *marketing* o comerciales.** A veces, apuntarse a un *concurso/sorteo* es en realidad apuntarse a una *lista de spam.*
- **Nunca contestes al *spam* o correo no deseado.** Así solo les confirmarás que tu dirección de correo es real.
- **Si hay algún enlace, no lo abras.** Pueden llevar a webs falsas que recopilan información sobre nosotros, o una vez más, confirmar que nuestra dirección está activa.
- **Cuidado al "cancelar la suscripción".** En ocasiones, envían *e-mails* de cancelación de suscripciones que nunca has hecho, para así recopilar direcciones.
- **Una dirección privada, solo para temas personales.** Puede ser buena idea tener dos direcciones de correo electrónico: una pública, para temas comerciales o para suscribirte a servicios de internet o foros, y otra personal para la correspondencia más privada.

El *spam* a través de *apps* de mensajería

Desde que las aplicaciones de mensajería instantánea en los *smartphones* se han hecho tan populares, han surgido también amenazas similares al *spam*, que se reproducen a través de aplicaciones como WhatsApp.

Este tipo de mensajes no deseados se han venido denominando **SPIM** (acrónimo de las siglas: *spam over* *instant messaging*, que significa "*spam* a través de mensajería instantánea"). Estos mensajes nos llegan normalmente a través de uno de nuestros contactos y se incorporan a una de nuestras conversaciones de chat, o aparecen como una ventana emergente. Tienen un enlace al final del mensaje que suele dirigir a páginas fraudulentas que pueden infectar nuestros *smartphones*.

Como medidas de seguridad y prevención:

— Evita hacer público tu número de teléfono en foros o páginas web.
— No accedas al enlace que aparece en el mensaje.
— Mantén actualizada la aplicación de mensajería.
— Advierte a la persona que te lo ha enviado, pues su dispositivo podría estar infectado.

Fraudes y estafas

> **i** ***Fraudes por medios electrónicos:*** También llamados *scam*, estafas o timos, son estafas que habitualmente llegan a través de mensajes por correo electrónico, que tratan de engañar a los destinatarios y conseguir dinero.

En qué consiste

Los mensajes de este tipo de estafas siempre traen buenas noticias. Nos ha tocado la lotería, nos han elegido para un puesto de trabajo o somos los afortunados de recibir una herencia millonaria.

Están muy relacionados con el *spam* y pueden llegar a confundirse, pero los fraudes a través del correo electrónico no pretenden anunciar nada, sino que están específicamente ideados para estafar. Van a por el dinero de las víctimas a través de toda clase de engaños y timos. Al igual que ocurre con el *spam*, se aprovechan del envío de miles de mensajes, esperando a que alguna de las víctimas caiga en la trampa. Algunos de los casos más típicos son estos:

- ¡Tenemos un puesto de trabajo para ti! Antes de comenzar, necesitamos que nos hagas un pequeño ingreso económico para formalizar el papeleo.
- ¡Enhorabuena! Te ha tocado la lotería. Para recibir el premio, solo tendrás que pagar un adelanto económico para que podamos gestionarlo.
- ¡Has recibido una herencia millonaria! Simplemente tienes que adelantarnos una cantidad para los costes y te la haremos llegar íntegramente a tu cuenta.

El método más común es el *e-mail*, pero también usan todo tipo de servicios de mensajería o incluso a través de páginas web. Para que la estafa se complete, es necesario mantener una interacción e intercambio de mensajes con el ciberdelincuente detrás del fraude, respondiendo al correo o a través de un formulario.

Si la víctima pica y contesta al mensaje, se activa la maquinaria. Los creadores del timo enviarán a la víctima tantos correos como sean necesarios para convencerla. En ocasiones también presionan a las víctimas con falsos plazos límite para que envíen el dinero cuanto antes.

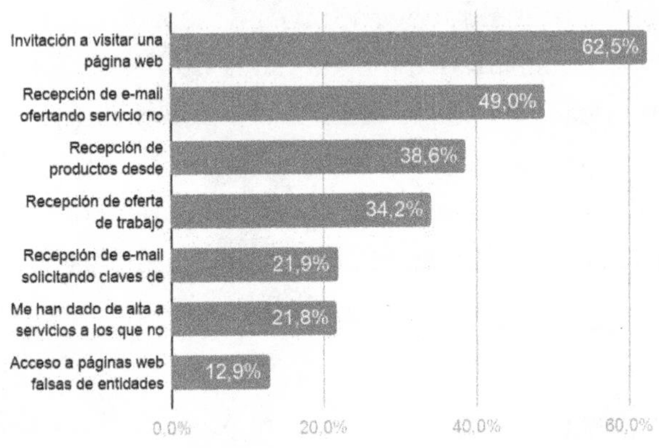

Datos de 2016. Fuente: ONTSI

Cómo reconocerlo

Con el tiempo, los creadores han ido mejorando su técnica y su gramática, y han perfeccionado sus ganchos, haciéndolos más creíbles. Pero hay determinadas características comunes que los distinguen.

- **Mala redacción.** El texto de la mayoría de estos correos cuenta con una redacción muy pobre y están llenos de faltas de ortografía, ya que suelen ser traducciones de otros idiomas mal hechas. Muchos de ellos llegan directamente en inglés.
- **El asunto del e-mail suele ser genérico**. Pueden incluso no tener relación con el cuerpo del mensaje.
- **Rara vez se dirige a la víctima por su nombre.**
- **Enlaces y adjuntos**. Puede incluir archivos adjuntos, y casi siempre uno o más enlaces en el cuerpo del *e-mail.*
- **Solicita que se haga *algo*.** El motivo del mensaje suele ser una "llamada a la acción": que el destinatario abra un adjunto, que acceda a algún enlace o deje sus datos.

Tarjeta Regalo

Hola,

¡Felicidades, casi estás!

Te contactamos para recordarte que [redacted]@gmail.com ha sido indicado. Estamos encantados de anunciar que has sido seleccionado para ganar un vale compra. **PRIMARK de 500€!**

Esta oferta es limitada y exclusiva para seleccionados.

Esperamos tu confirmación antes de 19.04.2016

En espera de tu confirmación, reciba un atento saludo!

Carlos Sanchez - Tarjetas Regalos

VALIDO

Captura de pantalla de e-mail fraudulento

Consejos básicos y prevención

- **Nunca contestes a este tipo de correos o mensajes.** No solamente llegan a través del correo electrónico, sino que pueden hacerlo a través de cualquier vía, como redes sociales o *apps* de mensajería.
- **Desconfía de mensajes de alguien desconocido o que te ofrezcan un *chollo*.** Si es demasiado bueno para ser verdad, probablemente no lo sea.
- **Fíjate en la redacción del correo y en el destinatario.** La mayoría de estos fraudes están muy mal escritos, y el destinatario del *e-mail* procede de direcciones desconocidas o sospechosas.
- **Si dudas, comprueba la información.** Busca y contrasta en internet opiniones acerca de lo que se te está ofreciendo.
- **Si eres víctima de alguna de estas estafas, compártelo y denuncia.**

La estafa nigeriana

Es un tipo concreto de fraude que ha sido muy activo durante años. Sigue captando víctimas, a pesar contar una técnica sencilla y anticuada, herencia de los más típicos timos de toda la vida. El *modus operandi* suele seguir estos pasos o similares:

- **Primera toma de contacto**. Alguien te contacta a través del correo electrónico. Una persona procedente de un país extranjero ha sido el beneficiario de una herencia o posee una gran suma de dinero que quiere sacar del país. Necesita tu ayuda: usar tu número de cuenta bancaria para que depositen el dinero. En agradecimiento, recibirás una enorme comisión, millonaria incluso. Si respondes al mensaje, comienza el juego.
- **Establecer una relación de *confianza*.** Los estafadores recaban información sobre la víctima y entablan conversación con ella para ganarse su confianza. Por ejemplo, solicitan información sobre el estado de sus cuentas corrientes para saber qué cantidades podría llegar a pagar. Para ganarse la confianza, llegan a enviar documentación con aspecto oficial: documentos con sellos o firmas muy convincentes.
- **Solicitud de dinero**. Empiezan a surgir imprevistos. El *heredero* tiene que pagar algún tipo de impuesto, soborno o gastos de gestión para poder acceder al dinero y hacer la transferencia, pero tiene las cuentas congeladas –o cualquier otro tipo de problema–, y necesita que la víctima le adelante esa cantidad de dinero. Pueden ser unos cientos o miles de euros, pero será una nimiedad en comparación con la fortuna que espera recibir la víctima. Las excusas para posponer esa transacción se van sucediendo, al mismo tiempo que se solicita más dinero para imprevistos que van surgiendo. Sin embargo, la víctima jamás verá un solo cén-

timo de esa supuesta herencia o suma millonaria, ya que nunca ha existido.

A este timo se le ha llamado "estafa nigeriana" porque muchos de estos correos provenían de este país en sus inicios. Las variantes y excusas para una primera toma de contacto son muchas, tanto como alcance la imaginación: venta de objetos o vehículos, ofertas de empleo, falsos romances, o incluso blanqueo de dinero.

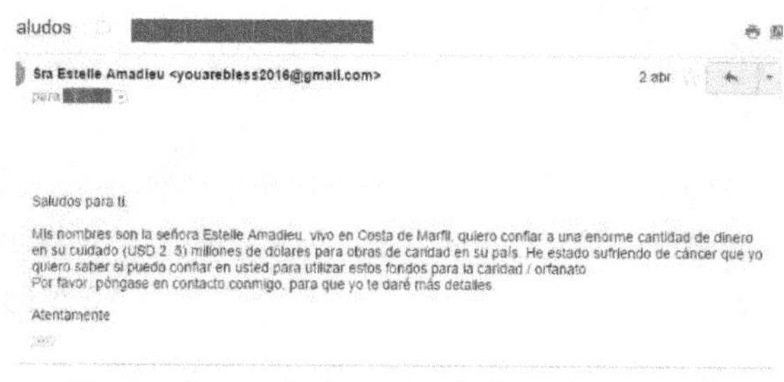

aludos

Sra Estelle Amadieu <youarebless2016@gmail.com> 2 abr

para

Saludos para ti

Mis nombres son la señora Estelle Amadieu, vivo en Costa de Marfil, quiero confiar a una enorme cantidad de dinero en su cuidado (USD 2. 5) millones de dolares para obras de caridad en su país. He estado sufriendo de cáncer que yo quiero saber si puedo confiar en usted para utilizar estos fondos para la caridad / orfanato
Por favor, póngase en contacto conmigo, para que yo te daré más detalles

Atentamente

Captura de pantalla de un ejemplo de estafa por e-mail

El denominador común suele ser cualquier tipo de intercambio o negocio entre el estafador y la víctima, que siempre conlleva que la persona estafada adelante cantidades de dinero para cubrir gastos de envío, imprevistos o gestionar esas transacciones. Como consejos básicos específicos:

- **Nunca se deben contestar a este tipo de solicitudes.** Nadie regala dinero a cambio de nada.
- **Usa el sentido común y piensa qué harías en una situación similar en la vida real.** Sé precavido. Es cuanto menos sospechoso que una persona desconocida se ponga en contacto con nosotros para ofrecernos algo así.
- **No des a nadie tu información personal o datos bancarios.**

Bulos y cadenas de e-mails

Bulo: Un bulo (también denominado *hoax*, en inglés), es un engaño difundido tradicionalmente a través de cadenas de correos electrónicos formadas por envíos y reenvíos del mismo mensaje. Este contiene noticias o contenidos falsos, con el objetivo de hacerse viral y que sea difundido por la mayor cantidad de personas posible.

En qué consiste

Todos hemos recibido alguna vez una cadena de mensajes por correo electrónico. Son *e-mails* que intentan apelar a nuestra caridad, a nuestra sensibilidad o simplemente noticias falsas. El denominador común es que suelen solicitar que se reenvíe esa información, supuestamente por un buen motivo.

El objetivo normalmente es generar dudas, difamar o crear confusión sobre alguna empresa, organismo, persona o causa. En ocasiones, se usan para obtener direcciones de correo activas y generar listas de *spam*.

Estos bulos han traspasado el *e-mail* y también se envían a través de *apps* de mensajería y de redes sociales.

Los bulos no suelen contener un elemento malicioso, como enlaces a páginas fraudulentas o archivos con *malware*, por lo que no suponen un daño directamente para la víctima o su equipo informático. Sin embargo, estas cadenas son muy dañinas por su poder de difamación y la capacidad de expandirse rápidamente.

Cómo reconocerlo

- **Un buen gancho.** Los asuntos de los que trata suelen ser noticias sorprendentes, peticiones de ayuda o promociones.
- **Suelen solicitar que se reenvíe a más personas.** En cuanto aparezcan las palabras: "difúndelo", o "reenvíalo"... sospecha. Y si además insinúa que reenviándolo tendrás suerte o cualquier tipo de beneficio, que no te quede ninguna duda de que es un bulo.
- **Cuestión de suerte.** A veces indican que si se reenvía a un número concreto de personas, se obtiene algún tipo de vale de descuento o incluso mala fortuna si no se hace.
- **No solo por e-mail.** Estas cadenas se envían a través de todo tipo de servicios, como WhatsApp o redes sociales.
- **Desconfía del mensaje, aunque confíes en el remitente.** El hecho de que te lo envíe un familiar o persona conocida no significa que sea verídico el mensaje. Precisamente ese es uno de los factores de los que se aprovechan estas cadenas: la confianza.
- **Fíjate en los detalles.** En el texto o asunto no suelen incluir fechas concretas, así la información no tiene caducidad y puede ser reenviado infinitamente. El autor suele ser anónimo.

Consejos y prevención

- **Si te llega alguno de estos correos, simplemente ignóralo.**
- **No lo reenvíes.** Independientemente de que haya llegado por correo electrónico o por otros tipos de mensajería. Su principal arma es la difusión.

- **Informa.** Si detectas uno de estos mensajes en cadena, advierte a tus contactos para que tampoco lo reenvíen.
- **Investiga.** Si dudas sobre si es cierto o falso, haz una búsqueda rápida en internet. La mayoría de las veces, buscando el texto o una parte de él, encontramos que es un bulo que incluso lleva años circulando.

El *phishing* y la ingeniería social

El *phising*

> *Phishing:* Se trata de una técnica de engaño que suplanta a una empresa o servicio legítimo con el fin de estafar a la víctima, obteniendo sus datos personales, credenciales de servicios *online* o datos bancarios. Las campañas de *phishing* suelen realizarse a través del correo electrónico y páginas web fraudulentas que copian con mayor o menor acierto la identidad corporativa que suplantan.

El *modus operandi* del *phishing* suele ser similar en la mayoría de los casos:

- Los estafadores **envían un correo electrónico** haciéndose pasar por una entidad bancaria, compañía eléctrica, servicio de mensajería o cualquier otra entidad de confianza.
- El **motivo de la comunicación** puede ser alertar de una supuesta doble facturación que el usuario tiene que verificar, una factura que no se ha pagado, que necesitan actualizar su base de datos o la dirección de recogida del paquete, por ejemplo.

- Estos correos falsificados contienen en el cuerpo del mensaje un **enlace que redirige a una página web** fraudulenta que parece ser de la empresa suplantada. Normalmente contiene un cuestionario sobre datos personales o incluso una pasarela de pago para enviar datos bancarios.
- Esta web también tiene el **aspecto de la compañía u organización** a la que están suplantando, para que el engaño sea redondo. Si la víctima pica en el anzuelo y envía sus datos privados a través del cuestionario, en realidad se los estará enviando al ciberdelincuente que está detrás de la estafa.

Captura de pantalla de un correo de phishing

El objetivo de los ciberdelincuentes es hacerte creer que una empresa de la que supuestamente eres cliente te está enviando una comunicación oficial, con el fin de obtener datos personales o sensibles: credenciales de servicios *online* (usuario y contraseña) para hacerse con tus cuentas, datos bancarios para robar tu dinero o suplantar tu identidad.

En ocasiones, también son vehículos para enviar *malware*,

como el *ransomware*, como veremos en el capítulo dedicado al *software* malicioso. Este programa dañino se descarga al acceder al enlace o se encuentra oculto en un archivo adjunto en el correo. Explicaremos más adelante cómo funcionan estas técnicas.

Veamos una recreación de un ejemplo real de *phishing* que se hacía pasar por una compañía eléctrica. Se ha sustituido el nombre de la compañía afectada por "entidad", para que nos hagamos a la idea de que podría ser cualquiera.

De: Entidad Clientes <entidadonline_atencionalcliente@entidadonline.com>

Asunto: Enlace para confirmar su reembolso

[LOGOTIPO DE LA ENTIDAD]

Estimado cliente,

Notamos que pagaste la factura al mismo tiempo dos veces.

Importe: 57,98 €

Referencia: ENTIDAD-A4508W

Para confirmar su reembolso haga clic en el siguiente enlace: http://reembolso.entidadclientes.com

Equipo de atención al cliente.

www.entidadclientes.com

Los ciberdelincuentes alojan las webs fraudulentas en dominios (el nombre que identifica a un sitio web) que en muchas ocasiones incluyen el propio nombre de la compañía que van a suplantar, para confundir a las posibles víctimas.

No solo a través del correo electrónico

El correo electrónico ha sido el método más usado tradicionalmente para propagar campañas de *phishing*, pero cada vez más se están dando casos de fraude a través de otros medios, aprovechando sobre todo el tirón de los dispositivos móviles.

Puedes recibir un mensaje de *phishing* (que se hace pasar por una empresa o servicio) en las redes sociales y en las aplicaciones de mensajería. También puedes recibir un SMS fraudulento en tu móvil, y en este caso la técnica se denomina "*smishing*".

El proceso es similar. La víctima recibe un mensaje que parece provenir de una entidad reconocida, junto a un enlace al que debe acceder para dar sus datos personales.

Las técnicas de *phishing* se han ido sofisticando con el paso del tiempo. Muchas de estas campañas de *e-mails* fraudulentos contienen el logotipo, los colores y la entidad corporativa de la empresa a la que suplantan, así como la web creada *ad hoc* para obtener los datos.

Principales servicios suplantados por *pishing*

- Entidades y servicios bancarios
- Compañías telefónicas, eléctricas, de agua, gas o cualquier otro servicio.
- Empresas de mensajería
- Administración Pública
- Redes sociales
- Plataformas de compraventa o de subastas, tiendas online.
- Servicios de pago online
- Juegos online
- Servicios de correo y almacenamiento en la nube
- Soporte técnico

Cómo detectarlo

- **Desconfía de los correos electrónicos que solicitan datos personales.** Los mensajes de *phishing* siempre incluyen una excusa para solicitar información de las víctimas. Algunos de los más comunes son: facturas no pagadas o doble facturación de un servicio, problemas técnicos, accesos anómalos en las cuentas, fallos de seguridad, promociones de productos...
- **Los mensajes dan algún tipo de *ultimátum*.** Presionan a la víctima con plazos cortos para que envíen sus datos, a riesgo de una multa económica, perder el acceso a la cuenta, o cualquier otro motivo.
- **Fíjate en el emisor**. La dirección de correo desde la que se envía no suele corresponderse con el dominio de la empresa que están suplantando. Compruébalo, busca el dominio real de esa entidad (www.compañía.com).
- **No suelen estar personalizados**. Suelen empezar con frases del tipo: "estimado cliente", y en algunas ocasiones aparece la dirección de *e-mail* de la víctima de forma automatizada, pero rara vez incluyen el nombre de la víctima.
- **La redacción suele tener fallos o alguna incongruencia.** Las técnicas han mejorado notablemente. Antes, los mensajes de *phishing* tenían muchas faltas de ortografía y fallos gramaticales, ahora la mayoría están más cuidados. Aún así, si nos fijamos bien en los detalles, detectaremos en muchos de los casos pequeños errores en la redacción, que no debería tener una empresa seria como la que supuestamente nos lo está mandando.

i ***Spear phishing:*** Cuando el correo electrónico fraudulento está dirigido a una persona en concreto, se denomina *spear phishing*. Son mucho más personalizados, y suelen ser más frecuentes en entornos corporativos.

Consejos y prevención

- **Por regla general, desconfía de quien solicite información personal.** Un banco o empresa nunca va a solicitar datos personales o financieros por correo electrónico. Ante la duda, haz una llamada a la entidad bancaria o servicio y asegúrate.
- **¿Realmente eres cliente de ese servicio?** Muchas veces, por las prisas o el temor a que ocurra algo, las víctimas caen en el engaño sin ser siquiera usuarios del servicio o la compañía que les está enviando supuestamente ese correo. Piénsalo con calma antes de actuar.
- **No accedas a los enlaces de un correo electrónico sospechoso.** Si te genera dudas, accede a la web de la empresa a través de la barra de direcciones del navegador o el buscador, escribiéndolo tú mismo.
- **Si llegas a acceder al enlace, comprueba la URL.** Verifica si la dirección de la web a la que redirige concuerda y es la que dice ser.
- **Si incluye algún archivo adjunto, nunca lo descargues ni lo abras.** Puede contener un *software* malicioso que se instale en el ordenador.
- **Evita acceder a enlaces que han sido acortados y no sabes a dónde te están dirigiendo.** Sobre todo se usan a través de *apps* de mensajería y redes sociales.
- **Precaución también en el móvil.** Existe una falsa creencia de que en los dispositivos móviles, como nuestro *smartphone*, podemos acceder libremente a cualquier web o enlace y "no pasará nada". Al contrario, el *phishing* está muy presente en ellos; de hecho hay campañas exclusivas para ellos, como las enviadas a través de *apps* de mensajería o SMS.
- **Si detectas que es un caso de *phishing*, ignóralo.** Y en su caso, informa a las autoridades.

¡OJO!

Existen técnicas que permiten suplantar la dirección de *e-mail* de una persona, una de las más usadas se denomina ***e-mail spoofing.*** Aparentemente el remitente del correo es "*clientes@empresaelectrica.com*", pero en realidad se está enviando desde la dirección "*x5689@fraude.net*". Se trata de una técnica de engaño o suplantación: se coloca un nombre y una dirección de correo falsa en el campo del remitente del mensaje. Puede colocarse una dirección real, una inventada o una temporal.

Controlar este ataque depende de los proveedores que alojan el correo electrónico, que deben tener activados mecanismos de seguridad en sus servidores.

Spam versus phishing

En ocasiones, es habitual confundir el *spam* y el *phishing.* Ya hemos visto las características de uno y de otro, pero resumimos en este cuadro las características básicas para diferenciarlos.

	Spam	Phishing
Principal objetivo	Anunciar un producto o servicio.	Obtener información personal o financiera.
Formato	Suele tener mala redacción o errores gramaticales. Ningún tipo de diseño, solo texto.	Incluye logotipo y colores de la entidad por la que se hace pasar. El contenido está más elaborado.
Remitente	Puede provenir de una empresa real.	Suplanta la identidad de una compañía u organismo, intentando engañar al destinatario
Enlaces	Suelen redirigir a las webs donde adquirir los productos.	Dirigen a webs fraudulentas donde recopilan la información de la víctima.
Variantes	No solo se aplica al correo electrónico, también existe *spam* en otros medios, como foros de internet.	Se distribuyen campañas de *phishing* a través de *e-mail*, SMS o *apps* de mensajería.

La ingeniería social

Ingeniería social: Técnica basada en la manipulación y el engaño para obtener información o intentar que otras personas hagan lo que uno quiere en su propio beneficio.

La ingeniería social no se aplica exclusivamente a la ciberseguridad, y no es ni mucho menos un método nuevo. Es una estrategia de manipulación psicológica que se usa y se ha usado en muchos ámbitos, y no requiere tener conocimientos técnicos. Pero sin duda juega un papel muy importante a la hora de llevar a cabo muchos de los ciberataques. Permite una interacción con la víctima para ganarse su confianza.

Los ataques que hemos visto, como el fraude a través del correo electrónico o el *phishing*, usan técnicas de ingeniería social para engañar a las víctimas, valiéndose de su desconocimiento y buena voluntad.

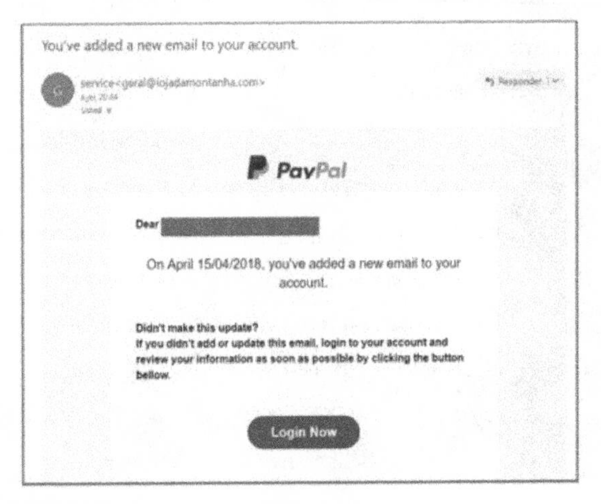

En ciberseguridad se suele decir que el usuario es el eslabón más débil de la cadena. Las personas tenemos vulnerabilidades, y con las estrategias de manipulación adecuadas, cualquier persona puede caer en una trampa. Para evitar ser una víctima es importante la prevención y conocer las diferentes técnicas que se suelen usar. Si estamos familiarizados con ellas, dudaremos antes de ofrecer determinados tipos de información.

Los principales objetivos de la ingeniería social son:

- Credenciales de acceso (usuario y contraseña) a cuentas y servicios.

- Datos personales o sensibles.
- Información bancaria: acceso a cuentas online, datos de tarjetas de crédito.
- Infectar un ordenador o dispositivo, para acceder a su información de forma remota.

Algunos de los métodos más usados son el correo electrónico o mensajes suplantando entidades (técnicas de *phishing*) y llamadas telefónicas que se hacen pasar por servicios técnicos o de atención al cliente de empresas (esta técnica se ha denominado *vishing*). También pueden actuar a través de redes sociales y mensajes SMS.

Ejemplos de ingeniería social mediante el uso de diferentes técnicas:

- **Por *e-mail*.** Recibes un correo electrónico con instrucciones para reactivar un servicio, que incluye un enlace o número de teléfono al que llamar para completar el proceso.
- **Llamada automática.** Una llamada mediante un sistema automatizado. Una máquina te indica que tu tarjeta de crédito ha sido bloqueada y se dan una serie de pasos para desbloquearla. Puede ser interactiva, solicitando que el usuario vaya marcando teclas o introduciendo números.
- **Por teléfono.** Un operador a través de una llamada te ofrece realizar una encuesta o te ofrece cualquier tipo de promoción. A lo largo de la conversación, va haciendo preguntas sobre datos personales.
- **Memoria externa USB.** Un ciberdelincuente abandona premeditadamente una memoria USB con un *software* malicioso en algún lugar estratégico, y espera a que una víctima

lo encuentre y lo conecte a su ordenador para infectarlo y controlarlo de forma remota, sin que el usuario se percate de nada. Esta técnica se denomina *baiting* (del inglés *bait*, cebo).

- **A través del navegador.** Aparece una ventana emergente mientras navegamos por internet, que nos alerta sobre un fallo de seguridad en nuestro ordenador, y que debemos llamar a un número de teléfono, además de pagar una cantidad de dinero para solucionarlo.

La ingeniería social requiere en muchas ocasiones un trabajo de documentación previa por parte del ciberdelincuente, para así tener información real y engañar mejor a las víctimas. Investigan en fuentes abiertas, como redes sociales o datos publicados en internet.

El timo del servicio técnico

Son muchas las variantes de técnicas que utilizan estas estrategias de manipulación. Hacerse pasar por el servicio técnico de una empresa es un método muy usado, que va adquiriendo variantes con el tiempo y se va sofisticando. Así podría ser un caso típico.

1. **La llamada.** Un estafador se pone en contacto con una víctima por teléfono. Dice ser del servicio técnico de una conocida empresa tecnológica, para así generar confianza en la víctima.
2. **La urgencia.** El supuesto empleado del servicio técnico advierte a la víctima de un problema en el equipo o un incidente relacionado con la seguridad que podría hacer perder todos los datos o cualquier otro desastre si no se soluciona de inmediato.

3. **Solicitud de datos.** El estafador se ofrece a ayudar. Para ello necesita conocer datos técnicos sobre el ordenador e información personal sobre la víctima. También puede solicitar conectarse al equipo de forma remota para, una vez dentro, llegar a pedir dinero para devolver el control.

No te dejes engañar

- **Verifica la identidad de quien te solicita información personal.** Si es una llamada de teléfono solicitando tus datos, pide primero que se identifique y te aporte referencias que puedan servirte para contrastar su veracidad.
- **No compartas datos sensibles (números de tarjetas de crédito, contraseñas...)** a través del correo electrónico o por teléfono. Ningún banco o empresa seria solicitará estos datos por estos medios, y su servicio técnico ya debería disponer de esa información.
- **Desconfía y detecta la urgencia.** Los ingenieros sociales tratan de poner nerviosa a la víctima con supuestos plazos o tiempo que se agota para así presionarla y forzarla a dar sus datos.
- **Procura no dar demasiada información personal en redes sociales e internet.** Evita exponerte demasiado y no se lo pongas fácil a los ciberdelincuentes para obtener información con la que manipularte.

> **Correos maliciosos:** Las técnicas que hemos visto (*spam*, fraudes, bulos y también el *phishing*) se consideran correo electrónico malicioso: se aprovechan de la buena voluntad o desconocimiento de las víctimas para estafarlas.

Es estos casos hemos descrito las técnicas que se aprovechan de este desconocimiento, sobre todo para obtener dinero o datos personales.

Veremos a continuación ciberataques que en muchas ocasiones se valen de herramientas como el *spam* o el *phishing*, con el fin de enviar archivos adjuntos o enlaces maliciosos que provocan que la víctima se descargue algún tipo de *software* malicioso e infectar el equipo informático.

Programas maliciosos

> ***Software malicioso:*** Programa malicioso que se instala en el equipo de una víctima sin su conocimiento ni consentimiento, con la intención de causar un daño. Es muy frecuente también el uso del término ***malware***, una contracción de *malicious software* (*software* malicioso).

En la cultura general, se ha usado de forma genérica el concepto de virus informático para referirse erróneamente al *malware*. Los virus son en realidad un tipo de *software* malicioso, pero existen más.

Como vimos anteriormente, los primeros virus informáticos se crearon como experimentos. Posteriormente avanzó la técnica y se desarrollaron piezas diseñadas para destruir y corromper los archivos alojados en los discos duros.

Los programas creados para provocar daño siguen existiendo, pero con el tiempo, y asociado al crecimiento del número de internautas, los ataques se fueron adaptando para obtener un beneficio económico. Desarrollar este tipo de *software* requiere conocimientos técnicos, en ocasiones muy profundos.

Malware a la venta en la *dark web*

La buena noticia es que programar *software* malicioso no está a la altura de cualquiera. La mala noticia es que en la actualidad existen multitud de desarrolladores que venden a través de la *dark web* sus creaciones maliciosas, lo que ha provocado un aumento en el número de ciberataques.

Esto se denomina *malware-as-a-service*, o "*malware* como servicio". El coste de estos ejemplares de *malware* depende de su creador, pero se pueden adquirir algunos por un precio relativamente bajo. El uso de estos programas a la venta no requiere de habilidades técnicas, ya que cuentan con paneles de control relativamente fáciles de usar.

Cada día se detectan cientos e incluso miles de nuevas piezas de *software* malicioso de toda clase. Contar con soluciones de ciberseguridad *antimalware* instaladas en los equipos es fundamental para detectar y eliminar este tipo de contenido. Es importante tener en cuenta también que hay *malware* diseñado para todo clase de dispositivos, no solamente ordenadores. Nuestros teléfonos inteligentes o tablets son potenciales objetivos, e incluso más.

Existen muchos tipos de *malware*: virus, gusanos, troyanos, *ransomware*... Dentro de cada clase hay múltiples formas y variantes, en función de la manera de penetrar en los dispositivos de las víctimas y sus efectos. Vamos a ver los más comunes y que afectan a los usuarios en mayor medida.

Virus informáticos y gusanos

> *Virus informático:* Programa malicioso que infecta a otros archivos o programas sin el conocimiento del usuario, con la intención de alterar o producir daños en el equipo informático que infecta. Tiene la capacidad de propagarse haciendo copias de sí mismo.

En qué consiste

Una vez que el virus entra en un ordenador, añade su código a otros archivos, normalmente archivos ejecutables (programas). Se "incrustan" en ellos. De esta forma, ese programa, que sí es legítimo, se convierte en un portador del virus y en una nueva fuente de infección.

Para que el virus se active es necesario que el archivo o programa infectado sea ejecutado por el usuario, es decir, que lo ponga en funcionamiento. En cuanto el usuario interactúa con el archivo infectado (ejecuta el programa), se activa automáticamente el virus que contiene, infectando a su vez otros archivos. El objetivo de los virus es infectar más equipos, llegando al máximo número posible de víctimas.

Durante los últimos años el número de virus se ha reducido, ya que los ciberdelincuentes se centran en otro tipo de técnicas que ofrecen mayor rentabilidad, como veremos en el caso del *ransomware*. Aún así, es importante saber en qué consisten y cómo prevenir posibles infecciones.

> **Archivos ejecutables:** Un ejecutable es un tipo de archivo diseñado para poder iniciar un programa. La clase de un archivo se reconoce por la extensión que aparece al final del nombre archivo, seguido de un punto (*nombredearchivo.extensión*). En el sistema operativo Windows, la extensión ejecutable más común es .EXE. En sistemas Mac, el más popular es .DMG.

Efectos y cómo reconocerlo

Sus efectos son muy variados, en función del tipo de virus: desde algo molesto como mostrar un mensaje en la pantalla, hasta daños importantes en los sistemas, como borrado de archivos.

La víctima puede notar que su conexión a internet se ralentiza, que el equipo tiene un comportamiento irregular, los programas se "cuelgan", el sistema funciona con lentitud o el disco duro tiene demasiada actividad.

Métodos de infección

Los virus pueden llegar al equipo de la víctima a través de muchos medios, tanto por internet como de forma externa. Por ejemplo, archivos recibidos por correo electrónico, descargas de internet, o a través de medios extraíbles como memorias USB, discos duros externos o CDs.

Ejemplos de malware enviado a través de correo electrónico.

Recibe su nombre de "virus" precisamente por su capacidad de reproducirse y "transmitirse" a otros equipos. Sin saberlo, la víctima de un virus podrá infectar otros equipos. Si copia en una memoria USB algún tipo de archivo a otra persona, el equipo en el que sea insertado posteriormente será infectado también.

> ***Gusano informático:*** Son programas maliciosos capaces de hacer copias de sí mismos y difundirse a través de las redes rápidamente. La diferencia respecto a los virus radica en que los gusanos no necesitan intervención del usuario, ni que este lo ejecute. Pueden transmitirse por correo electrónico y a través de internet, aprovechando agujeros de seguridad en los sistemas operativos de las víctimas. Su principal objetivo es difundirse y llegar al mayor número de equipos posible.
>
> Son usados en muchas ocasiones para crear *botnets*, que como vimos anteriormente, son redes de ordenadores que llevan a cabo acciones de forma simultánea.

Consejos y prevención

- **Es importante contar con soluciones de seguridad instaladas en los dispositivos.** Podrán detectar la carga maliciosa antes de que se ejecute o infecte el equipo.
- **Realiza revisiones completas de seguridad en tu equipo periódicamente.** Elimina los archivos temporales.
- **Ten precaución a la hora de usar memorias USB u otro tipo de medios externos, porque pueden estar infectados.** Algunas soluciones de seguridad permiten hacer un análisis de seguridad en cuanto se inserta, antes de que pueda causar daños.
- **Mucha precaución a la hora de descargar archivos de internet y a través del correo electrónico.** Evita programas o archivos de fuentes no confiables.
- **Actualiza el sistema operativo, programas y aplicaciones.** Las últimas versiones pueden haber corregido importantes fallos o agujeros de seguridad.

Troyanos

***Troyano*:** Tipo de *software* malicioso, también denominado "caballo de Troya", que se camufla en forma de un programa legítimo. Sin embargo, en lugar de cumplir el propósito que promete, es capaz de abrir una puerta trasera que permite el control del dispositivo. Su nombre proviene de la historia acerca del caballo de Troya mencionada en la *Odisea* de Homero, precisamente a causa de su capacidad de engaño y de camuflarse dentro de otros elementos.

Según narra el relato de la Odisea, la ciudad de Troya era prácticamente infranqueable. No se podía acceder a través de sus altos y vigilados muros. Para tratar de conquistar la ciudad, los griegos pensaron en otra forma de introducirse sin usar la fuerza. Construyeron un enorme caballo de madera y lo entregaron a los troyanos como un obsequio. La ciudad lo acogió en su ciudad, metiéndolo entre sus muros. Por la noche, los soldados griegos que estaban escondidos dentro del animal de madera salieron de su escondite, y desde dentro, pudieron abrir las puertas de la ciudad.

Lo que hace un troyano informático es engañar (aparentando ser una cosa que no es), y esconder una carga maliciosa en su interior, al igual que en la historia de Troya.

En qué consiste

Los troyanos son un tipo de *malware* que simula ser algo útil. Se suelen enmascarar como *software* gratuito de utilidad, juegos, películas, canciones o como *cracks* para "piratear" programas.

El usuario lo descarga de internet un archivo ejecutable aparentemente legítimo. Una vez instalado y ejecutado en el sistema, el troyano puede abrir una puerta trasera por la que los ciberdelincuentes se pueden colar y realizar todo tipo de acciones maliciosas, incluso instalar otros tipos de *malware*.

Al contrario que los virus, no se "acoplan" a otros programas que la víctima tiene en su equipo sin su conocimiento, sino que son en apariencia programas útiles que el usuario descarga e instala con plena conciencia pensando que es legítimo.

Su objetivo es abrir una puerta por la que el ciberdelincuente se pueda introducir en el dispositivo. Se diferencia de los gusanos informáticos en que los troyanos no tienen la capacidad de reproducirse. Necesitan forzosamente la interacción del usuario. Los datos que recogen los ciberdelincuentes a través del troyano son enviados directamente a través de correo electrónico, o son almacenados en un servidor al que acceden posteriormente para obtener la información.

Efectos y cómo reconocerlo

Los troyanos son piezas de *malware* peligrosas y muy habituales. Al ser ejecutado en el equipo, el usuario normalmente no notará que algo va mal, ya que aparentemente no hace nada malo. Sin embargo, el programa malicioso abrirá canales de comunicación con el equipo del ciberdelincuente, que le permitirá acceder al dispositivo de la víctima de forma remota y tomar su control.

Una vez logrado ese control, pueden tener acceso a cualquier dato o recurso del sistema: archivos, micrófono, pantalla, teclado, webcam... Los cibercriminales son "dueños" de ese ordenador, y pueden acceder por esa puerta trasera para obtener datos, destruirlos o usar los recursos del ordenador con fines criminales.

El usuario puede detectar que el sistema funciona más lento, debido a la carga extra en el procesador. También puede llegar a experimentar ventanas emergentes, actividad en el navegador que no reconocemos, archivos que desaparecen o se modifican, y comportamientos extraños en el funcionamiento del equipo.

¿Debo tapar la webcam?

Uno de los posibles objetivos de los troyanos es acceder a la cámara integrada en los dispositivos. Cuando un troyano con esta capacidad es instalado en un equipo, el usuario puede que no detecte que esa cámara está siendo activada por el ciberdelincuente sin su conocimiento.

Ese es el motivo por el que la mayoría de los expertos en ciberseguridad, y cada vez más usuarios, tapan su webcam con algún tipo de cinta u objeto diseñado para ello.

Métodos de infección

En muchos casos, los ciberdelincuentes se valen de la ingeniería social para propagar este tipo de *malware*. Usando técnicas de engaño, hacen creer a las víctimas que se trata de un programa o documento útil. El programa puede funcionar para lo que supuestamente está diseñado, pero además tiene la carga maliciosa en su interior que actúa en segundo plano.

Principales clases de troyanos

Existen muchos tipos de troyanos, en función de sus características y efectos. Estos son algunos de los que más afectan a los usuarios y que tienen algunas de las consecuencias más peligrosas:

- **Troyanos bancarios.** Son el tipo de troyano que mayor crecimiento ha experimentado, y suponen una gran amenaza. Su objetivo es robar datos de las credenciales y cuentas bancarias de las víctimas.

- **Detectores de teclado (*keylogger*)**. Este *malware* detecta y registra las pulsaciones del teclado, y por lo tanto puede conocer todo lo que teclea la víctima, desde datos personales hasta contraseñas.
- **Puertas traseras (*backdoor*).** Este troyano permite al ciberdelincuente acceder al equipo infectado y controlarlo por completo de forma remota. Puede ejecutar programas, manipular los archivos, o instalar otro tipo de *malware.*
- **Ladrones de contraseñas (*stealer*).** Pueden robar información que el usuario introduce en formularios de páginas web.
- **Acceso remoto o RAT (*Remote Access Trojan*).** Estas variantes permiten a los atacantes conectarse de forma remota a los ordenadores de las víctimas con el objetivo de tener un control completo sobre él. Pueden acceder al micrófono, webcam, datos y cualquier otra funcionalidad. En ocasiones los ciberdelincuentes graban imágenes íntimas para luego poder extorsionar a las víctimas.

Consejos y prevención

- **Cuidado con lo que te descargas y de dónde lo descargas**. Asegúrate de que sean fuentes confiables, páginas web oficiales y el *software* o archivo sea legítimo.
- **Evita abrir archivos adjuntos extraños que llegan a través del correo electrónico o servicios de mensajería.** En ocasiones tienen apariencia de documentos, pero son en realidad programas ejecutables. Fíjate en las extensiones de los archivos.
- **Precaución a la hora de insertar memorias externas USB**. Examínalas antes de abrir su contenido con un programa de seguridad.

- **Un *software antimalware* podrá detectarlo en muchas ocasiones.** Es muy recomendable que cuentes son soluciones de seguridad instaladas (que deben estar actualizadas), y realices comprobaciones periódicas. También es recomendable contar con un *firewall.*
- **Actualiza el sistema operativo y programas instalados en el equipo.**
- **Para librarse de sus efectos, la única solución es eliminarlo.** La mayoría de los antivirus o *antimalware* detectarán este tipo de *software* malicioso para poder eliminarlo.

¡OJO!

Los ordenadores tradicionales no son el único terreno donde actúan los troyanos. Cada vez más hay piezas específicas para los dispositivos móviles. Estos troyanos se camuflan en forma de aplicaciones aparentemente inocentes que el usuario se descarga, pero pueden tomar el control absoluto del dispositivo.

Adware

Adware: *Software* malicioso que muestra publicidad no deseada. Puede instalar barras de herramientas sin el consentimiento del usuario, y manipular la configuración de nuestro navegador, como cambiar la página de inicio.

En qué consiste

Cuando descargamos un programa o una aplicación en una web que ofrece descargas gratuitas, es muy habitual que estas descargas lleven asociado un paquete que no hemos solicitado: *adware*. Este *software* normalmente basa su actividad en instalar una barra de herramientas en nuestro navegador que no hemos solicitado.

Suele ser muy molesta, en primer lugar porque el usuario no lo ha aceptado (o más bien no ha sido consciente de ello), y en segundo lugar porque a veces no son fáciles de eliminar.

Además de estas molestias, el peligro real del *adware* reside en que es capaz de modificar las búsquedas de los usuarios con el fin de mostrar publicidad o resultados alterados. Estos resultados pueden redirigir a las víctimas a páginas infectadas con otros tipos de *malware*.

Efectos y cómo detectarlo

En muchas ocasiones el *adware* viene como "regalo" en las descargas de otros programas. En el proceso de instalación se da la opción de instalarlo o no, pero esta alternativa suele estar oculta o poco visible entre el resto de las selecciones y pasa desadvertida.

Se suma el hecho de que los usuarios solemos tener prisa por instalar un nuevo programa y somos impacientes. Necesitamos hacer *clic, clic, clic* con el ratón y dar a *siguiente, siguiente*, y lo hacemos sin pensar. Así nos cuelan muchos de estos programas no deseados, entre otras cosas.

Algunos de estos programas de publicidad no son maliciosos, sino legítimos, aunque sus métodos pueden ser también cuestionables.

Uno de los primeros síntomas que detectaremos es precisamente que aparece una barra de tareas en la parte superior del navegador. Puede incluso mostrarse el nombre de empresas de internet conocidas. También pueden aparecer ventanas emergentes en el navegador o el escritorio. La página de inicio del navegador suele ser modificada en la mayoría de las ocasiones.

Prevención y eliminación

- **Revisa de forma periódica las extensiones instaladas en tu navegador.** Manténlo actualizado a la última versión disponible.
- **Si detectas alguno de los síntomas, revisa los últimos programas instalados.** Accede a los programas instalados a través del panel de control del sistema. Si han aparecido programas no deseados, desinstálalos.
- **Para cambiar de nuevo la página de inicio de tu preferencia, accede a la configuración de tu navegador.** Verás también una lista de buscadores predeterminados: elimina las opciones que el *adware* ha añadido sin tu consentimiento.
- **Cuidado con los programas gratuitos descargados de internet.** Suelen ser portadores de *adware.*
- **Si los descargas, atento al proceso de instalación.** No hagas clic en "siguiente" sin leer lo que te está indicando el instalador. En general, debe hacerse con cualquier programa que se instale.

CONSEJO

Antes de abrir un archivo que has descargado, si dudas sobre si puede ser un archivo malicioso o no, compruébalo. Puedes analizarlo con una solución *antimalware* que tengas instalada. También existen herramientas *online* en las que puedes subir el archivo o introducir una URL y comprobar si contiene algún tipo de *malware* conocido. Una de las herramientas *online* más populares es https://www.virustotal.com/

Spyware

Spyware: Programa "espía" que es capaz de recopilar información personal sobre un usuario sin su conocimiento, como sus hábitos de navegación, historial o datos sensibles.

En qué consiste

Este tipo de *software* malicioso puede recabar todo tipo de información del equipo de la víctima. Por ejemplo, qué aplicaciones y programas están instalados o el historial de páginas web que ha visitado. Esa información recopilada se va enviando a un servidor y puede ser usado con fines comerciales o publicitarios. En otras ocasiones también se recolecta información bancaria o datos personales con el objetivo de suplantar la identidad de la víctima.

Cómo llega al equipo

- **Oculto en otro *software*.** Muy a menudo, este tipo de *software* espía llega al equipo de la víctima camuflado dentro de otro programa que el usuario va a instalar (similar a lo que ocurría con el *adware*). Sitios web de descargas gratuitas de archivos y programas son una de las principales fuentes de *spyware*. Un usuario puede recibir *spyware* sin saberlo cuando acepta el contrato de licencia de un programa de software.

- **Mensajes**. También puede llegar al usuario a través de adjuntos en el correo electrónico y *apps* de mensajería.
- **Sitios web.** Puede ser descargado cuando se visitan páginas infectadas, algunas de ellas son supuestas páginas de herramientas antivirus falsas.
- **Al hacer clic en anuncios de internet o ventanas emergentes.** En ocasiones aparecen cuadros de diálogo cuando se navega por determinadas webs con distintos tipos de mensajes, informando por ejemplo sobre supuestos fallos de seguridad en el equipo o anuncios, como *"¡Enhorabuena, eres el visitante número 100!"*. Nunca debes abrirlos, pueden ser la entrada de este tipo de *malware*.

Efectos y cómo detectarlo

Uno de los problemas a la hora de detectar el *spyware* es que actúa de forma silenciosa. Las víctimas rara vez notarán algo extraño en sus equipos, al contrario de lo que ocurre con otros tipos de *malware*. Precisamente esta es su naturaleza, la de ser invisible, para así poder recopilar información el máximo tiempo posible.

Sin embargo, hay detalles que podemos observar. Por ejemplo, pueden llegar a aparecer iconos nuevos que no reconocemos en las barras de tareas del sistema, o mensajes de error periódicos que antes no salían. En ocasiones el *spyware* también provoca alteraciones en las búsquedas a través del navegador, cambiando el buscador que tenemos por defecto.

Es recomendable realizar comprobaciones periódicas en la lista de programas instalados, para detectar posibles aplicaciones no deseadas. El *spyware* se aprovecha de vulnerabilidades en el equipo y el navegador de la víctima, así que usar *software* de confianza y mantenerlo actualizado es importante.

Consejos y prevención

- **Cuidado con las descargas.** No te bajes programas o archivos de páginas web de dudosa reputación.
- **Vigila qué te instalas, para que no te cuelen nada.** Cuando descargamos algún programa de internet, en muchas ocasiones nos cae de rebote otro programa no deseado, camuflado en el proceso de instalación como una opción más. Presta atención al proceso de instalación; normalmente ofrece la opción de desmarcarlo para que no se instale.
- **No aceptes o abras cuadros de diálogo que aparezcan mientras navegas en internet.** No hay nada gratis en internet, ni premios aleatorios o "por la cara". Ignora los *pop-ups* y ventanas emergentes que te anuncien premios o alerten de supuestos problemas de seguridad. Cierra la ventana del navegador.
- **Si notas algo extraño, elimina los archivos temporales.** Haz una limpieza de vez en cuando.
- **Usa un navegador actualizado.** Si el navegador es vulnerable, no detectará las páginas web que puedan ser maliciosas, y desde las que se descargue este tipo de *malware* automáticamente.
- **Es recomendable contar con soluciones *antimalware* instaladas.** Suelen incluir protección ante este tipo de *software* malicioso. También existen aplicaciones, herramientas y extensiones para el navegador *antispyware,* específicamente diseñadas para detectar este tipo de amenazas.

Cuadro comparativo de las principales clases de *malware*:

MALWARE	EN QUÉ CONSISTE	QUÉ DAÑOS PRODUCE	PREVENCIÓN
Virus informático	Infecta a otros archivos o programas.	Daños en el equipo, borrado o manipulación de archivos.	Precaución a la hora de insertar memorias USB externas o descargar archivos.
Gusano informático	Pueden hacer copias de sí mismos y propagarse sin necesidad de intervención del usuario.	Son usados para crear *botnets*, redes de ordenadores infectados.	Evita descargar archivos adjuntos de correos electrónicos que no has solicitado.
Troyano	Crea una puerta trasera por la que pueden entrar y controlar el equipo de forma remota.	Robo de información. Control de funcionalidades del equipo: webcam, teclado, micrófono...	Instala programas *antimalware* que puedan detectar estas amenazas. Realiza comprobaciones periódicas.
Adware	Muestra publicidad no deseada y altera las búsquedas.	Manipulación de los resultados de las búsquedas. Puede llevar a información alterada o a descarga de *malware*.	Evita instalar programas de páginas de descargas gratuitas.
Spyware	Programa espía que recopila información sobre el usuario.	Recopilación de información sobre hábitos de navegación, programas instalados o datos sensibles.	No aceptes cuadros de diálogo que aparezcan mientras navegas.

Ataques según el sistema operativo

¿Te suena la frase: "En Mac no hay virus"? Existe la creencia de que determinados sistemas operativos son inmunes a los ciberataques o no tienen vulnerabilidades. Pero la realidad es que ningún sistema lo es (ya hemos mencionado que la seguridad completa no existe).

Es cierto que los sistemas operativos de Apple, tanto MacOS en su versión de ordenador, como iOS en el formato móvil, reciben menos ataques. El motivo, según apuntan todos los expertos, es claro: las probabilidades. La cantidad de PCs que cuentan con el sistema operativo Windows, o los móviles con el sistema operativo Android son mucho más numerosos; son los sistemas con más cuota de mercado de sus categorías.

Para un ciberdelincuente, cuyo mayor objetivo es el beneficio económico, es mucho más rentable buscar vulnerabilidades y agujeros de seguridad a los que atacar en los sistemas que usan una mayor cantidad de usuarios. De esta forma, sus probabilidades de éxito son mayores. Pero esto no significa que los usuarios de otros sistemas tengan que bajar la guardia: todos pueden tener vulnerabilidades y puntos débiles que los ciberdelincuentes pueden aprovechar.

El ransomware

> ***Ransomware:*** Clase de *malware* que es capaz de "secuestrar" un dispositivo o los archivos almacenados en él, y que solicita un rescate económico para que la víctima pueda recuperar el uso del equipo o la información. Se considera un tipo de extorsión informática.

En qué consiste

El *ransomware* es un tipo de *software* malicioso, pero ha sido tan grande su crecimiento e impacto en la ciberseguridad para usuarios y todo tipo de organizaciones en los últimos años, que merece un apartado propio. Uno de los casos más sonados, y que seguro has escuchado, ha sido el del *ransomware Wannacry*. Pero a pesar de ser muy mediático no ha sido el más peligroso, ni el único.

El *ransomware* es en la actualidad uno de los ciberataques más usados por los ciberdelincuentes. El motivo es claro: tiene una gran rentabilidad económica. La expansión de los sistemas de pago que permiten el anonimato, como Bitcoin y otras criptomonedas, ha ayudado a su proliferación, ya que con estos métodos pueden recibir los pagos evitando ser encontrados. Lo que no quiere decir que la "culpa" sea de estas monedas virtuales; son herramientas legítimas usadas con fines ilegítimos.

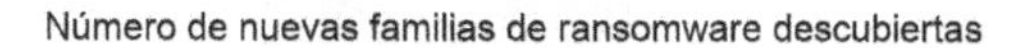

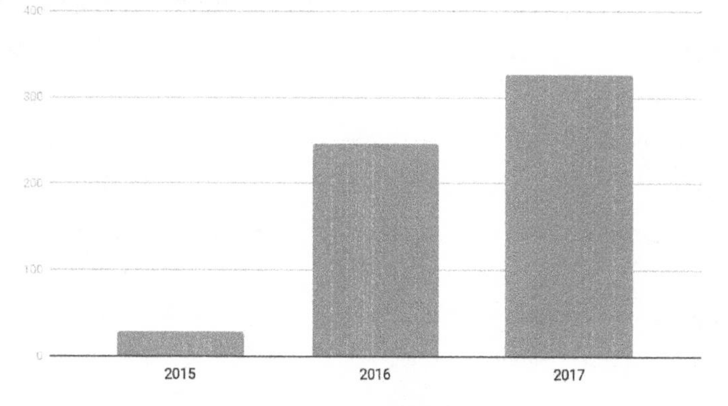

Datos de 2017. Fuente: Statista

Una de las principales fuentes de infección, como veremos, es el correo electrónico. Una vez que una pieza de *ransomware* accede a un ordenador, portátil o dispositivo móvil, este *malware* es capaz de cifrar parte o la totalidad de su contenido, de manera que queda "bloqueado" e inaccesible para el usuario.

Mediante un mensaje, normalmente intimidante, el *ransomware* solicita entonces que el afectado abone una determinada cantidad por recuperar esos archivos. Estos solamente podrán volver a la normalidad con una clave de descifrado que tiene en su poder el cibercriminal. Si no se efectúa el pago, el "cibersecuestrador" amenaza con destruir esos archivos, o impedir su acceso a ellos para siempre.

Es habitual que haya un límite de tiempo para realizar el pago, bajo la amenaza de incrementar el valor de ese rescate si no se paga a tiempo o eliminar la clave, con la consecuente pérdida de los datos.

El *ransomware* afecta a todo tipo de dispositivos: desde ordenadores, portátiles, *smartphones* o tabletas, hasta dispositivos del denominado "internet de las cosas", como televisores inteligentes, pulseras o relojes inteligentes, vehículos conectados... Este tipo de *malware* se ha ido adaptando a las nuevas tecnologías, siendo capaz de introducirse e infectar prácticamente cualquier sistema.

> **Un secuestro informático:** La palabra *ransomware* proviene del inglés *ransom*, que significa "rescate". El nombre hace referencia al mensaje o ventana emergente que aparece en el equipo de la víctima, que solicita un rescate por ese "secuestro informático" del dispositivo.

Evolución del *ransomware*

El primer *malware* considerado *ransomware* data de los años 80, aunque no es hasta los 2000 cuando comienzan a actuar extorsionando a sus víctimas.

Estas versiones primitivas no cifraban los archivos, sino que bloqueaban directamente el acceso al sistema operativo y al navegador. El pago se requería a través del envío de un SMS o transferencias a monederos virtuales, ya que aún no se habían desarrollado otros tipos de sistemas de pago, como las criptomonedas.

A medida que evolucionaron las tecnologías de cifrado, los ciberdelincuentes aprovecharon estos avances para incluirlos en sus extorsiones, mejorando sus técnicas. Además, los avances en sistemas de pago que permitían su anonimato, contribuyeron al auge de estos ciberataques.

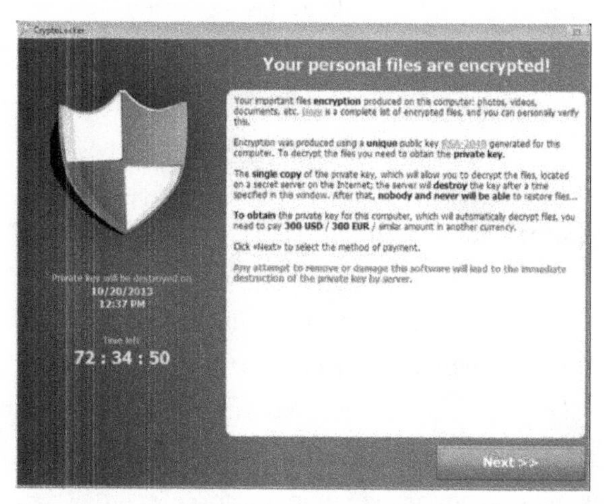

Captura de la pantalla de aviso de un ransomware muy activo durante años, llamado Cryptolocker

Las fases del *ransomware* son:

1. **La descarga.** El usuario descarga un archivo que resulta ser *ransomware*. Inconscientemente, abre ese archivo. En ocasiones, un ataque de *phishing* es el gancho para hacernos llegar dicho contenido malicioso.
2. **El secuestro.** El *malware* comienza a actuar: empieza a cifrar los archivos almacenados en el dispositivo. Una vez cifrados, están bloqueados para su lectura y el usuario ya no podrá acceder a ellos. Necesitará una clave de descifrado proporcionada por el creador del *ransomware* para recuperar los datos.
3. **El rescate.** Un documento nuevo aparece en el escritorio de la víctima, o bien se muestra una ventana emergente o mensaje en la pantalla. Son las instrucciones para recuperar los archivos: debe pagar una cantidad de dinero en alguna moneda virtual, como Bitcoin, a la cuenta que se indica en un plazo de tiempo determinado para obtener la clave de

descifrado. Las cifras solicitadas varían en función del tipo de *ransomware*, pero habitualmente se sitúan entre unos pocos cientos de euros hasta miles de euros. Si el dinero no llega a tiempo, advierte de que esa clave será eliminada, con la consecuente pérdida de los archivos para siempre.

4. **¿El pago?** Supuestamente, si la víctima realiza ese pago a través del medio indicado, el ciberdelincuente le hará llegar la clave con la que poder descifrar los archivos y que todo vuelva a la normalidad. El *ransomware* es un negocio, y para que siga funcionando los cibercriminales suelen proporcionar estas claves. Sin embargo, se dan casos en los que estas no se envían una vez realizado el pago.

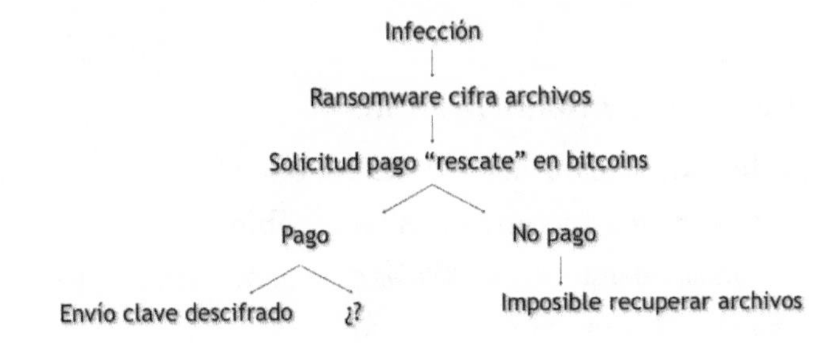

IMPORTANTE

Si pagas, cedes al cibercrimen. Pagar a los extorsionadores no es la solución, ni tampoco es recomendable. Con el dinero se está financiando un negocio criminal que provocará más casos de ransomware u otros tipos de ciberataque en el futuro. Es más, puede que tú mismo te conviertas en objetivo de más ataques, una vez que ya saben que estás dispuesto a pagar lo que te pidan. La solución es contar con métodos de prevención, como copias de seguridad. De esta forma, si eres víctima de un ataque de ransomware y tienes una copia de tus datos, tan solo tendrás que formatearlo y volcar de nuevo la información.

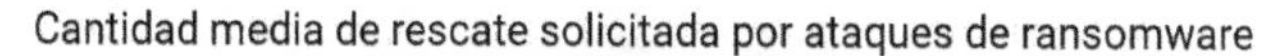

Cantidad media de rescate solicitada por ataques de ransomware

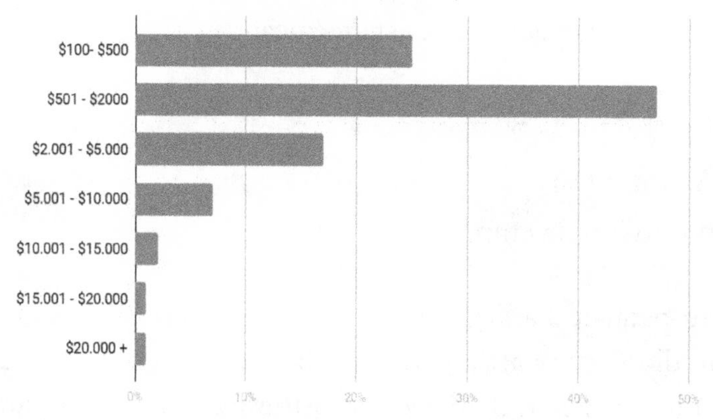

Datos de 2017. Fuente: Statista

Correo electrónico y *phishing*: los aliados del *ransomware*

En muchas ocasiones el *ransomware* se distribuye por *e-mail*, a través de campañas de *phishing*. Como vimos antes, el *phishing* es una comunicación que suplanta a una empresa u organización de confianza, tratando de engañar a la víctima para que haga algo.

En la mayoría de las ocasiones, su objetivo es robar información personal. Pero otras veces (y cada vez más) estas campañas se usan también para intentar presionar a las víctimas para que descarguen un archivo, que simula ser, por ejemplo, una factura impagada.

En otras situaciones no hay un archivo adjunto, sino que se engaña para que la víctima acceda a un *link* que redirige a una página web falsa desde donde se descargará automáticamente la carga maliciosa. Así suelen ser los mensajes enviados con esta técnica:

De: Empresa de mensajería

Asunto: Carta certificada

[Logotipo de empresa de mensajería]

Su paquete ha llegado a día 20 de agosto. No hemos podido entregar la carta certificada a usted. Imprima la información de envío y mostrarla en la oficina para recibir la carta certificada.

Descargar información sobre su envío

Si la carta no se recibe dentro de 30 días laborables, la empresa tendrá derecho a una indemnización a usted a la cantidad de 9,79 euros por cada día sin cumplir. Este es un mensaje generado automáticamente.

Haga clic aquí para darse de baja

© Copyright Empresa de mensajería

Atención a los "ganchos"

Este tipo de campañas de malware aprovechan fechas destacadas para enviar sus comunicaciones fraudulentas y generar confusión. Épocas de rebajas, vacaciones, navidades, importantes eventos deportivos o cualquier tipo de fecha señalada es aprovechada por los cibercriminales.

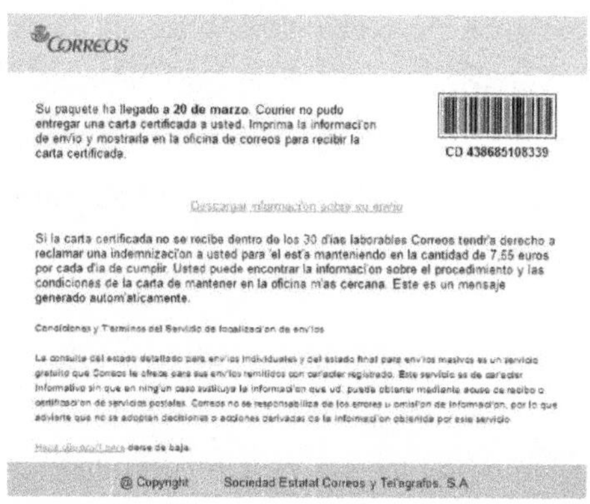

Captura de pantalla de una campaña de ransomware a través del e-mail, usando técnicas de phishing.

No solo el correo electrónico es una fuente de infección, aunque es una de las más importantes. Las aplicaciones de mensajería son cada vez más usadas para enviar este tipo de amenazas digitales. También en los dispositivos móviles. Recuerda que estos son pequeños ordenadores: existe ransomware y todo tipo de malware diseñado para ellos.

No más ransomware

Las Fuerzas y Cuerpos de Seguridad, laboratorios de fabricantes de seguridad e investigadores de diferentes organismos tratan de descifrar las piezas de ransomware que van apareciendo, pero en muy pocas ocasiones se consigue dar con esa clave. Las nuevas cepas de ransomware que se crean constantemente son numerosas.

Existen iniciativas y plataformas que proveen herramientas de descifrado para las muestras de este malware de las que se va encontrando la clave. Una de las más activas es No More Ransom (https://www.nomoreransom.org), un proyecto de Europol en colaboración con empresas de ciberseguridad, que ofrece también respuestas a dudas sobre este ciberataque.

Consejos y prevención

En los casos de ransomware, la prevención es fundamental. Una vez que el equipo informático se ha infectado, hay poco que se pueda hacer.

- **Haz copias de seguridad de todos tus archivos.** Varias incluso, si son datos muy importantes que no quieres perder. Procura que las copias sean frecuentes, y realizarlas a través de diferentes medios. Ten en cuenta que si un dispositivo de memoria externo está conectado en el momento de la infección, también puede ser afectado por el ransomware y cifrar los datos contenidos en él.
- **Precaución con los archivos adjuntos en el correo electrónico.** No descargues cualquier adjunto, sobre todo de fuentes desconocidas a las que no has solicitado nada.
- **Presta atención a posibles campañas de phishing.** Suelen ser una vía de entrada de este tipo de malware, confundiendo a la víctima para que acceda a un enlace o descargue un archivo.
- **¿Es la URL legítima?** Cuando accedas a un enlace a través del e-mail o aplicaciones de mensajería instantánea que parece proceder de un organismo confiable, fíjate en la URL de la barra de direcciones, la dirección de la web. ¿Es realmente la que dice ser? Haz una comprobación directamente a través de un buscador y compruébalo.

- **Fíjate en los detalles.** En ocasiones, una URL falseada es difícil de detectar, ya que usan técnicas de engaño. Una letra "ele" minúscula (l) puede ser igual que una "i" (I) mayúscula. Presta atención entonces en los detalles de la web, encuentra incoherencias, y finalmente ponte en contacto con la empresa u organismo si tienes dudas.
- **Si detectas algún proceso extraño en tu dispositivo, desconéctalo de internet lo antes posible.** Evitará que el ransomware se siga propagando, aunque no revertirá los daños que ya haya podido provocar.
- **Evita pagar el rescate.** A no ser que sea absolutamente necesario, los cuerpos de seguridad y expertos en ciberseguridad recomiendan no ceder ante el chantaje. Esto provoca que se alimente el negocio del cibercrimen. Hay ocasiones en las que los ciberdelincuentes no aportan la clave de descifrado necesaria una vez pagado el rescate para solicitar cantidades mayores de dinero.
- **Ponlo en conocimiento de los cuerpos de seguridad.** En el caso de que detectes una de estas campañas, o seas víctima de ellas, denuncia.
- **Mantente informado.** Los propios cuerpos de seguridad o webs especializadas informan periódicamente de campañas de ciberataques que se detectan. No las pierdas de vista, e informa también a familiares y amigos para que no caigan en la trampa.
- **Cuenta con software de ciberseguridad.** Que pueda detectar los archivos maliciosos descargados antes de que sean abiertos o instalados.
- **Mantén el dispositivo (sistema y programas) actualizados.** Si dan la opción de actualizarse automáticamente, actívalo.

¡OJO!

Vigila las extensiones: En Windows, es recomendable activar la opción que muestra las extensiones de los archivos. Lo encontrarás en el menú de configuración del sistema operativo. Esto permitirá que puedas ver los archivos potencialmente peligrosos, como las extensiones .EXE, .VBS o .SCR. En ocasiones, los ciberdelincuentes usan varias extensiones para ocultar un archivo malicioso y engañar a sus víctimas (por ejemplo "documento.doc.exe).

Navegación segura

Como hemos ido viendo, gran parte de las amenazas que pueden afectar a la seguridad de nuestros datos y dispositivos depende de la precaución que tengamos mientras realizamos las tareas más comunes, como revisar el correo electrónico o navegar por internet.

En este punto, es importante incidir en algunas recomendaciones importantes para evitar sobresaltos.

Contraseñas

Los usuarios estamos acostumbrados a usar una gran cantidad de servicios online, correo electrónico, redes sociales o aplicaciones que requieren el binomio usuario-contraseña. Son tantos, que es corriente que se nos olviden las contraseñas, así que al final acabamos usando combinaciones sencillas o aún peor, la misma para todos. Esto es un error, porque los ciberdelincuentes tienen herramientas para averiguar contraseñas simples o fáciles de adivinar. Una de ellas se denomina "ataque de fuerza bruta", que básicamente consiste en probar todas las combinaciones posibles hasta dar con la buena. Una contraseña débil puede ser encontrada en unos segundos con software específico para ello.

¡OJO!

Cada año, millones de contraseñas son filtradas en las cada vez más numerosas brechas de datos que se producen. Un estudio que se realiza anualmente analiza las contraseñas que más se repiten: "**123456**" y "**password**" han sido las dos contraseñas más utilizadas durante los últimos años, y son también algunas de las más débiles.

Prevención y consejos:

Crea contraseñas seguras, que no se puedan adivinar fácilmente. Evita fechas de cumpleaños o datos personales que se puedan encontrar fácilmente a través de tus redes sociales.

No apuntes las contraseñas donde otras personas puedan verlas.

Siempre que puedas, activa el sistema de verificación en dos pasos, los sistemas de doble autenticación que permiten ya la mayoría de los servicios. Es decir, que cuando vayas a acceder con tu usuario y contraseña, además el servicio te envíe un SMS al móvil con un código de confirmación que debes introducir para poder acceder. Ese es uno de los métodos, aunque hay más, pero siempre involucrando varios dispositivos o elementos para certificar que eres tú el que se está conectando.

Una contraseña robusta tiene mayúsculas, minúsculas y otro tipo de elementos, como números o símbolos, y una longitud de ocho caracteres. Algunos expertos recomiendan incluso un mínimo de doce caracteres. Puedes probar a crear algún tipo de frase para que sea más sencillo de recordar. Usa la imaginación.

Es recomendable modificar las contraseñas cada cierto tiempo.

No repitas la misma contraseña en todos los servicios o aplicaciones. Si una de esas plataformas es atacada y roban las credenciales, los ciberdelincuentes tendrán el acceso a todas tus cuentas.

Si te resulta difícil recordar tantas combinaciones, puedes usar un gestor de contraseñas.

> i **Gestor de contraseñas:** Son aplicaciones que permiten almacenar todos los usuarios y contraseñas de nuestras cuentas. Se integran en el navegador, y rellenan los formularios de registro en los sitios web donde se necesite, de forma que no tenemos que recordar las credenciales, lo hace por nosotros.
>
> Eso sí, debes crear una "contraseña maestra" para acceder a este servicio. Asegúrate de que esta contraseña sea totalmente robusta.

Conexiones seguras: HTTPS y el «candado»

Cuando navegamos por internet, tenemos que asegurarnos de que los sitios web que visitamos son de confianza y que los datos que introducimos en ellos estarán seguros. Una de las señales que nos indican que una web puede serlo es que use el protocolo HTTPS. Vamos a ver qué es esto y cómo detectarlo a simple vista, es muy sencillo.

Si observas la barra de direcciones del navegador, verás que el formato de las direcciones no es siempre igual. En algunas ocasiones solo aparece la dirección de la página (ejemplo.com), en otras ocasiones, a la dirección le preceden los caracteres "https://", y aparece a la izquierda un candado, normalmente en color verde (https://ejemplo.com). Ese candado es el símbolo de una navegación segura, en la que los datos que se intercambian viajan cifrados. La primera web usa el protocolo HTTP, la segunda, usa el protocolo HTTPS.

> **HTTP** son las siglas de Hypertext Transfer Protocol (Protocolo de Transferencia de Hipertexto).
> **HTTPS** es el Protocolo de Transferencia de Hipertexto Seguro. No hace falta que te quedes con las siglas, pero sí con el detalle de "seguro". El protocolo HTTPS permite que los datos de la navegación entre tu equipo y el servidor de la página viajen cifrados (codificados). Esto significa que, si alguien se metiera en medio de esa comunicación y consiguiera interceptarlos, no podría leerlos.

Este tipo de ciberataque (interceptar los datos de una comunicación) se denomina Man-in-the-middle (literalmente, "hombre en el medio"). El problema del protocolo HTTP (que es a su vez el protocolo más antiguo), es que permite que en un ciberataque de este tipo, el atacante pueda ver los datos que estás compartiendo, ya que el tráfico no viaja cifrado. Esto supone un verdadero problema a la hora de introducir datos personales en formularios de determinadas webs (nombre, correo electrónico, dirección...) y más aún datos bancarios, como información de pago de la tarjeta de crédito.

Para que una página web pueda usar el protocolo seguro HTTPS, ha tenido que instalar un certificado especial, que se denomina "Certificado SSL". Básicamente, este certificado valida que el sitio es real, auténtico y confiable. Permite que los datos personales se intercambien cifrados y con seguridad, y añade el candado verde a la izquierda de la dirección web.

Si haces clic en el candado, podrás acceder a la información para comprobar el estado del certificado. Aparecerá algo similar a esto, en función del navegador que uses:

Conexión segura: Tu información (por ejemplo, las contraseñas o los números de las tarjetas de crédito) es privada cuando se envía a este sitio web.

Certificado: Válido

Que el **certificado** es válido, significa que la entidad de certificación es de confianza y está en vigor. Este punto es importante, ya que en vista de esta característica, los ciberdelincuentes usan páginas web con protocolo HT-TPS para engañar aún más a la víctima. Por eso es importante verificar también el certificado, que no podrán suplantar.

Prevención y consejos

- **Si vas a introducir datos personales o bancarios, comprueba que la página envía información usando el protocolo seguro.** La dirección debe comenzar por "https://".
- **Asegúrate de que el certificado es válido:** está en vigor y es de quien dice ser.
- **Incluso si no vas a introducir datos en un formulario directamente, procura no visitar webs que no cuenten con estos protocolos.** Pueden ser fraudulentas, y si no lo son, es una obligación de la empresa detrás de la web proporcionar confianza y seguridad al usuario.
- **Las páginas de phishing de las que hemos hablado, no suelen contar con una conexión segura.** Es una forma de detectarlas. Fíjate en el candado.

Ojo a los engaños: fíjate en el certificado

Como hemos visto, una web que usa el protocolo HT-TPS no tiene por qué ser siempre una web segura, lo que garantiza es que la comunicación entre el usuario y la web se realiza de forma segura.

Como explicamos cuando hablamos del phishing, los ciberdelincuentes alojan las webs fraudulentas en dominios que en muchas ocasiones incluyen el propio nombre de la compañía que van a suplantar, para confundir a las posibles víctimas. Estas páginas pueden contar incluso con HTTPS para engañar aún más al usuario, pero si te fijas en el certificado, verás que no es quien dice ser.

Existe una técnica denominada "ataque homográfico" que básicamente consiste en aprovechar las similitudes de algunos caracteres de otros idiomas o lenguajes (como ruso, griego o caracteres Unicode) para registrar un dominio fraudulento con el que intentar suplantar a uno legítimo y engañar a la víctima, que a simple vista no notará el cambio.

Un conocido caso en 2016 trató de suplantar la web de google.com, usando una letra "G" inicial que era en realidad una "G" mayúscula pequeña del alfabeto Unicode.

Redes wifi

Cuando andamos faltos de *datos* en el móvil, o estamos visitando un país extranjero, ver en un establecimiento el símbolo de *wifi gratis* nos alegra el día.

Sin embargo, las redes wifi públicas gratuitas (abiertas y sin necesidad de contraseña para acceder a ellas) son puntos peligrosos, y con potenciales amenazas para la seguridad de nuestros datos.

Estas redes nos permiten conectarnos de forma rápida y cómoda. Ni siquiera necesitamos una contraseña, tan solo seleccionar esa red. El problema es que estas redes inalámbricas no protegen la información que se transmite a través de ellas (no está cifrada), y por tanto, no son seguras.

Algunas, aún contando con una contraseña, al ser pública y usada por una gran cantidad de usuarios, tampoco son el culmen de la seguridad.

Restaurantes, cafeterías, hoteles, estaciones, aeropuertos, centros comerciales... Son cada vez más los lugares donde podemos encontrar este tipo de redes. Pero al conectarnos a ellas, perdemos el control de lo que estamos enviando. No sabemos quién puede estar conectado, observando.

Para empezar, el propio administrador de la red podría acceder al tráfico que pase por ellas. También es posible "colocar" malware en esa red, e infectar a los invitados que se conecten. La navegación que creemos privada podría ser espiada o nuestros datos podrían ser robados.

Puntos wifi falsos

Otro de los peligros son los puntos de acceso wifi fraudulentos. Un ciberdelincuente puede crear una red wifi, y ponerle el nombre que desee. Tan solo necesita su ordenador portátil y una antena, o simplemente un dispositivo móvil. Si instala ese punto en una cafetería, puede llamar a la red wifi de su propia creación "Wifi cafetería gratis", y engañar a los incautos que crean que esa es una red legítima.

Las víctimas que se conecten a esa red no notarán nada extraño en su navegación. Sin embargo, todos los datos y el tráfico de su conexión pasará por las manos del ciberdelincuente, que podrá ver todo lo que está haciendo.

Estos atacantes aprovechan lugares concurridos o públicos, valiéndose de las situaciones en las que normalmente se ofrecen este tipo de redes gratuitas para *colar* la suya.

Navegar con precaución

Con esto no se quiere decir que no nos conectemos *nunca* a estas redes. Muchas de ellas son un servicio gratuito y público, y realmente pueden ser muy útiles en determinados casos. Simplemente, debemos conocer los riesgos que existen, para llevar a cabo las precauciones necesarias que nos permitan navegar con tranquilidad.

Evitar enviar datos sensibles y realizar operaciones bancarias es una de ellas. Si necesitamos hacerlo a través de una de estas redes wifi, una de las opciones que tenemos para conectarnos con mayor seguridad es usar una VPN.

VPN

Son las siglas de Virtual Private Network, es decir, una red virtual privada. De forma básica y resumida, son aplicaciones y herramientas que nos permiten conectarnos a internet a través de una especie de "túnel", salvaguardando nuestras comunicaciones y haciéndolas más seguras. De esta forma, el tráfico viaja cifrado, y un atacante externo no podrá "cotillear".

Al conectarte con una VPN, tu equipo se comunica con el servidor de esa VPN, y te conectas a internet a través de él. De esta forma, si el servidor de la VPN está en Italia, aunque tu ordenador esté en España, los servidores de las webs que visitas creerán que estás navegando desde Italia. Es habitual que notes que la velocidad de conexión se ralentiza.

Es por este motivo que las VPN se usan en países donde existe una restricción, bloqueos o censuras de contenido. En China por ejemplo, miles de personas logran conectarse a servicios censurados en su país gracias a una VPN.

Existen multitud de aplicaciones para móviles y para ordenadores con funciones de VPN, tanto gratuitas (normalmente limitadas en capacidad y características) como de pago. Suelen ser muy fáciles de usar: simplemente apretando un botón se activa la red virtual. Eso sí, infórmate antes de decidirte por una y comprueba de que la que uses sea segura y de confianza.

Consejos y prevención

Si puedes evitarlo, no te conectes a redes wifi abiertas. El administrador o uno de los usuarios conectados podría usar técnicas para interceptar la comunicación.

En caso de necesidad, conéctate a través de una VPN.

Comprueba que la red a la que te conectas es legítima. Ante la duda, pregunta al dueño del establecimiento si ese es el nombre de la red wifi oficial.

En redes wifi, procura conectarte a sitios web seguros (https).

Evita iniciar sesión en servicios online mientras estás conectado a redes wifi abiertas. Ni usuarios ni contraseñas, ni mucho menos información sensible o realizar transacciones bancarias. Si tienes que hacer este tipo de tareas, hazlo conectando los datos de tu móvil, con una VPN, o espera a tener una conexión segura.

Después de conectarte en este tipo de redes, elimina su información. Borra los datos de la red que hayan podido quedar memorizados por tu dispositivo, como su nombre y contraseña, para evitar que tu dispositivo se conecte automáticamente la próxima vez.

Seguridad wifi en casa

Hemos hablado de la seguridad de las redes wifi fuera de casa. Pero en tu hogar, también debes velar por la seguridad de tu conexión. Si la configuración de tu router no es segura, puedes estar dejando una puerta abierta, no solo a que se conecten personas no deseadas, sino que además puedan cometer delitos usando tu conexión, con lo que podrían hacerte responsable.

Router: configúralo con seguridad

- **Cambia el nombre y contraseña que vienen por defecto en el router que te proporciona el proveedor de internet.** Estas son fácilmente detectables.
- **Accede al panel de configuración del router para establecer medidas de seguridad extra.** Por ejemplo, limitar los horarios de conexión o qué dispositivos

pueden acceder a ella. Pregunta a tu proveedor en el caso de que tengas alguna duda.

- **Asegúrate de que las claves que utilizas son WPA2.** Existen diferentes protocolos de cifrado: WEP, WAP y WPA2. Los dos primeros se han demostrado que tienen muchas vulnerabilidades. WPA2 también ha sido puesto en entredicho, pero es el más seguro de los tres.

Amenazas en dispositivos móviles

Como hemos ido comentando a lo largo del libro, los dispositivos móviles (teléfonos inteligentes, tabletas...) son igual de vulnerables a todo tipo de ciberataques. Es más, como su uso ha ido en constante crecimiento, y son dispositivos en los que guardamos todo tipo de información personal (incluso más que en un PC), se han convertido en un objeto de deseo para los ciberdelincuentes. No el dispositivo en sí, sino los datos que contienen.

A ello se suma el factor de que muchos usuarios conviven con su smartphone las veinticuatro horas al día, por lo que los ataques a estos dispositivos tienen una mayor probabilidad de acceder a potenciales víctimas.

Aplica todas las precauciones

Todos los ciberataques e incidentes de seguridad que se han ido describiendo en los anteriores epígrafes afectan a los dispositivos móviles tanto como a los ordenadores "tradicionales".

Existen, por ejemplo, piezas de malware diseñadas para estos terminales móviles. Además, por supuesto, debes llevar a cabo todas las medidas de prevención básicas enunciadas cuando navegues a través del móvil, como cerciorarte de que la conexión es segura (https). Estas son algunas consideraciones generales de seguridad móvil que debes tener en cuenta:

- **Desactiva las conexiones inalámbricas de tu dispositivo (como el wifi o el Bluetooth) cuando no las estés usando.**
- **Evita conectarte a redes wifi abiertas, no envíes información privada, si lo haces, conéctate a través de una VPN.** Existen aplicaciones móviles con funciones de VPN para proteger las comunicaciones mientras navegas en tu smartphone.
- **Haz copias de seguridad periódicas.** Tienes la posibilidad de usar servicios en la nube para hacer copias automáticas o conectar el dispositivo a un ordenador para realizarlas.
- **Instala aplicaciones de seguridad, también en tu móvil.** Existen completas soluciones de seguridad que pueden analizar el contenido malicioso.
- Además, existen técnicas y ataques específicos para estos dispositivos, que se han desarrollado aprovechando sus características. Vamos a conocer los más comunes y peligrosos para los usuarios.

Aplicaciones fraudulentas y maliciosas

Tenemos a nuestra disposición una enorme cantidad de aplicaciones móviles con múltiples funcionalidades.

Acceso a redes sociales, edición de documentos, juegos, aplicaciones de salud, de ocio, mapas, aplicaciones bancarias... Ya sean gratuitas o de pago, las posibilidades de las aplicaciones son innumerables y cada usuario puede llegar a tener decenas de ellas.

Las aplicaciones no dejan de ser, al fin y al cabo, programas que se instalan en los dispositivos móviles y que pueden alterar su funcionamiento. Y los ciberdelincuentes han aprovechado esta situación para desarrollar aplicaciones malintencionadas.

Las tiendas de aplicaciones

Las aplicaciones están disponibles para su descarga en las denominadas "tiendas de aplicaciones" de los diferentes sistemas operativos.

Estas plataformas cuentan con medidas de seguridad y las aplicaciones deben ser revisadas y superar una serie de requisitos antes de ser publicadas. Pero en ocasiones, estas aplicaciones fraudulentas consiguen pasar los filtros y llegar a las tiendas oficiales.

Cada cierto tiempo se descubren aplicaciones falsas que han sido publicadas en estas tiendas. Algunas solo están en línea unas horas antes de ser descubiertas, pero es lo suficiente para conseguir que víctimas la descarguen y provocar daños. Los dos sistemas más populares son iOS (de Apple) y Android (de Google). Cada una cuenta con su propia plataforma de aplicaciones.

Existen también mercados de aplicaciones paralelos a estas tiendas oficiales, a los que se puede acceder a través de páginas web. Aunque algunas de estas tiendas alternativas son legítimas y también cuentan con sus propios filtros de seguridad, debes cerciorarte antes muy bien de que realmente lo son antes de descargar nada.

Aplicaciones fraudulentas

Las aplicaciones falsas o fraudulentas tratan de engañar a los usuarios, bien creando una aplicación que suplanta a una popular haciendo creer que son legítimas, o bien creando una aplicación nueva con alguna supuesta utilidad.

Algunas realmente cumplen lo que dicen ser, aunque además estén realizando una actividad maliciosa. Otras son simplemente un timo, pero es que en ocasiones prometen funcionalidades que son verdaderamente muy poco realistas, como realizar un "escáner corporal con la cámara del móvil".

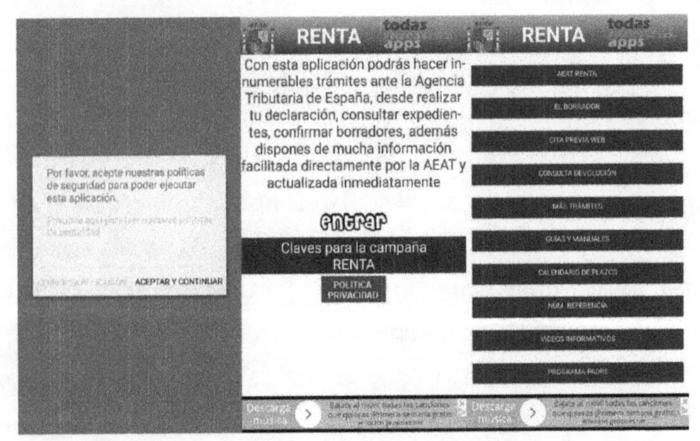

Pantallazos de una aplicación falsa que simula ser la oficial de Hacienda para hacer declaración de la Renta.

Copias de aplicaciones

Muchas aplicaciones populares han sido suplantadas (servicios de mensajería, de gestión de documentos...). Los ciberdelincuentes copian hasta el más mínimo detalle, de forma que el usuario no se dé cuenta de que es falsa. En ocasiones pueden llegar a funcionar de forma similar, otras veces no funcionará.

El objetivo de estas aplicaciones puede ser múltiple: robar tus datos para poder venderlos o suplantarte (información personal, contraseñas o fotografías), robar dinero (suscribiéndote a servicios de SMS de pago o servicios premium sin tu conocimiento), o pueden ganar dinero a través de publicidad que muestran en la aplicación.

Aplicaciones con utilidades dudosas

Sus creadores eligen un nombre llamativo para la aplicación, añaden una descripción y capturas de pantalla y la suben a la tienda de aplicaciones. En muchas ocasiones, incluso suplantan la identidad de un desarrollador de aplicaciones de renombre, copiando su nombre y logotipo.

Normalmente aprovechan el tirón de algún tema candente o de actualidad para enganchar a los usuarios, como por ejemplo, trucos para algún juego de moda o una aplicación de resultados de la competición deportiva del momento.

Otras, se aprovechan de la ingenuidad y curiosidad de algunos usuarios, haciéndoles creer que son una versión "vip" de una aplicación real, como una red social, pero que con esta además puedes "espiar a otros usuarios". Pero si las descargas, el único que va a ser espiado, eres tú.

Los objetivos son similares: algunas suscriben a costosos servicios premium SMS, otras muestran publicidad por la que obtienen ingresos o roban la información personal.

Suelen engañar al usuario con falsas promociones, sorteos o formularios en los que tiene que insertar su número de teléfono, nombre, dirección o datos bancarios.

Los permisos

Uno de los problemas que entrañan estas aplicaciones es que solicitan permisos para acceder a todo tipo de funcionalidades del móvil: cámara, ubicación, micrófono, álbum de fotos, contactos. Una vez que pueden acceder a ellos, tienen prácticamente acceso a todos tus datos.

Por eso es muy necesario controlar los permisos que solicitan las aplicaciones que nos descargamos.

Al descargar una aplicación, algunas solicitan permiso para usar cierta información antes de ser instaladas. En otras ocasiones, puedes gestionarlas en el menú de configuración del dispositivo móvil. Si una aplicación solicita permisos que no debería usar y no te deja denegar esos permisos, valora eliminarla.

Imagina que instalas una aplicación de predicción del tiempo. Podría llegar a solicitar la ubicación, y sería algo lógico, en principio. Pero no tendría sentido que solicite acceso a los contactos o al micrófono del móvil. Muchas de estas aplicaciones fraudulentas solicitan este tipo de permisos.

Aplicaciones maliciosas

Estas no solo engañan al usuario haciéndole creer que son legítimas, además pueden instalar algún tipo de malware en el dispositivo.

Sus efectos pueden ser muy dañinos, ya que según los permisos que les demos, pueden tener prácticamente el control del terminal. Por ejemplo, si tienen permiso para usar la cámara, podrían hacernos fotografías con la cámara frontal sin que nos percatemos de ello; si tienen acceso al micrófono, podrían grabar nuestras conversaciones; o si pueden acceder a la ubicación, también pueden controlar dónde estamos.

Todos los tipos de malware detallados a lo largo del libro pueden tener su versión móvil. Los troyanos y el ransomware son dos de los más comunes y peligrosos.

Troyanos

Como explicábamos antes, este tipo de software malicioso se disfraza en forma de programa legítimo para engañar a la víctima y abrir en su lugar una puerta trasera por donde tomar el control del dispositivo. Pueden llegar a ser extremadamente complejos y sofisticados. La aplicación puede funcionar incluso de manera real para que la víctima no se percate del engaño y la mantenga instalada el mayor tiempo posible.

Los troyanos móviles se camuflan simulando ser aplicaciones legítimas, que cuando se descargan, instalan la carga maliciosa. Este malware es capaz de acceder a todas las funcionalidades del móvil y controlarlo de forma remota.

Veamos algunos casos reales de troyanos móviles que se han descubierto:

→ Una aplicación se hace pasar por un popular juego. Pero en cuanto el usuario la descarga, se instala un troyano del tipo RAT. Eso quiere decir que el ciberdelincuente puede tomar el control del dispositivo de forma remota. Enviar mensajes, grabar audio y vídeo e incluso descargar archivos sin el conocimiento del usuario.

→ Una aplicación se anuncia como una herramienta de información económica. El usuario la instala y parece que funciona correctamente, incluso ofrece información real. Sin embargo, en segundo plano esa aplicación comienza a buscar en el dispositivo aplicaciones bancarias legítimas. Una vez que lo averigua, la aplicación maliciosa envía falsas notificaciones al móvil, que parecen provenir de la aplicación bancaria real. El usuario accede a ellas e introduce sus credenciales de banca online, pasando a estar en manos de los ciberdelincuentes.

Ransomware

El ransomware, como vimos, es un malware que logra cifrar los archivos, solicitando un rescate económico a cambio de devolver el acceso a esos datos.

Las versiones de ransomware móvil no han dejado de crecer en los últimos años. Los datos que los usuarios almacenamos en nuestros móviles son muy valiosos, y los ciberdelincuentes lo saben.

Como se ha explicado, el ransomware en el caso de los móviles puede provenir de enlaces maliciosos a través del correo electrónico u otro tipo de mensajes, por lo que hay que estar muy alerta. Pero el ransomware móvil se puede camuflar también en aplicaciones fraudulentas, que simulan ser, por ejemplo, guías de juegos populares o reproductores de vídeo.

Una vez instalada la aplicación maliciosa, el malware cifra todos los documentos y archivos y muestra en la pantalla un mensaje, habitualmente amenazador, solicitando el pago de una cantidad de dinero para recuperar el acceso al dispositivo.

En ocasiones se hacen pasar por una autoridad, acusando al usuario por ejemplo de tener contenidos delictivos, por lo que debe pagar una multa.

Otras veces usan distintos trucos para asustar a las víctimas, sin llegar a cifrar la información. Muestran mensajes amenazantes que informan de que el dispositivo supuestamente está infectado con algún tipo de virus, para presionarles a continuación a adquirir una suscripción a un servicio supuestamente de antivirus.

Cómo identificar una aplicación falsa o maliciosa

- **Revisa las valoraciones y comentarios antes de instalar una aplicación.** Fíjate en las reseñas de otros usuarios, y en la cantidad de ellas. Normalmente una aplicación real tendrá muchas valoraciones.
- **Fíjate también en la fecha de publicación.** Las aplicaciones falsas suelen ser muy recientes.
- **En caso de duda, consulta en la web oficial del propio desarrollador o aplicación.** La mayoría tienen un enlace desde su página para descargarla.
- **Revisa el desarrollador de la aplicación.** Cerciórate, algunos estafadores usan nombres similares a empresas conocidas, pero no será exactamente igual.
- **Nadie ofrece nada gratis.** Si una aplicación es "gratuita" y te ofrece algo de valor, en realidad le estás pagando con tus datos.
- **No existen aplicaciones "mágicas".** Ni "detectores de quién se ha metido en mi Facebook" ni versiones de "WhatsApp premium". Todos estos tipos de aplicaciones no son más que estafas.

Jailbreak y root

Algunos usuarios desean personalizar al máximo sus dispositivos móviles, más allá de las posibilidades y las limitaciones que les ofrece su sistema operativo. Por ejemplo, eliminar aplicaciones del fabricante que no se pueden desinstalar o modificar configuraciones delimitadas de fábrica. En definitiva, tener el control total del dispositivo y del sistema operativo.

Para eso es necesario modificar el terminal. En dispositivos iOS esta técnica se denomina "jailbreak" y en Android se llama comúnmente "rootear".

Si se hace jailbreak o se rootea un dispositivo, el dueño tendrá los máximos privilegios posibles, pudiendo modificar lo que desee.

Esto tiene algunas ventajas, como poder desinstalar software de fábrica que no usamos o que nos resulta molesto, o instalar aplicaciones de terceros que no se han aprobado (en el caso de Apple, por ejemplo).

Pero también tiene inconvenientes, como perder la garantía del dispositivo. Y sobre todo, a nivel de seguridad. Podrían dejar de llegar las actualizaciones del fabricante, y al poder instalar cualquier aplicación de cualquier lugar, nos arriesgamos a que no haya sido testada y sea maliciosa.

Prevención y consejos:

- **Asegúrate de descargar las aplicaciones desde tiendas de aplicaciones oficiales.** Evita acceder a través de enlaces que lleguen por e-mail o mensajes, búscala directamente en la tienda oficial de tu sistema.
- **Actualiza el sistema operativo y las aplicaciones.** Siempre que haya una versión nueva disponible, descárgala, puede haber corregido fallos de seguridad que la anterior aún tiene.

- **Revisa los permisos que solicitan las aplicaciones.** Si son excesivos o sospechosos, valora desinstalarla.
- **Piénsalo bien antes de ofrecer tus datos personales en una aplicación.** Si no estás seguro de que sea de confianza, no lo hagas.
- **Si te han suscrito a un servicio de SMS premium sin tu consentimiento,** ponlo en conocimiento de la operadora móvil cuanto antes para solicitar la baja.
- **Si una aplicación no la has usado en los últimos meses, probablemente no la vas a usar nunca.** Haz limpieza y desinstala las que no utilizas.

Phishing móvil (Smishing)

En el capítulo dedicado al phishing hemos visto en qué consiste esta técnica de engaño, que se hace pasar por una entidad de confianza para obtener los datos de las víctimas. En el caso de los móviles, los ciberdelincuentes han elaborado métodos específicos, adaptados a este entorno.

En el phishing móvil (denominado *smishing*), los estafadores envían un SMS a las víctimas, o un mensaje a través de apps de mensajería, como WhatsApp, anunciando que han sido ganadoras de un premio, se han dado de alta en un servicio, han recibido dinero, o ha ocurrido algún tipo de problema técnico.

Al final del comunicado suele aparecer un enlace al que deben acceder las víctimas para dar sus datos. En otras ocasiones también pueden solicitar que se responda con algún tipo de código o se llame a un número de teléfono para validar el premio o solucionar el problema.

El objetivo es obtener datos personales y bancarios, y los ciberdelincuentes pueden llegar a tramar elaborados engaños, incluyendo llamadas de teléfono donde se hacen pasar por el servicio para engañar a la víctima. En definitiva, usar técnicas de fraude e ingeniería social.

Prevención y consejos

- **Desconfía de cualquier promoción.** Que nos llegue un inesperado premio o cheque a través de un SMS o mensaje parece una buena noticia. La mala noticia es que será un fraude.
- **No te dejes llevar por la urgencia.** Los estafadores envían mensajes con un asunto que requiere "atención inmediata". No entres en pánico. Ponte en contacto por otro medio con la empresa que supuestamente te ha hecho llegar el mensaje si tienes dudas.
- Sé precavido cuando accedas a enlaces a través de aplicaciones de mensajería, SMS o e-mails.
- **Antes de descargar un archivo, comprueba que es lo que dice ser,** si la fuente es de confianza y realmente lo has solicitado. Si te llega algo sospechoso, no lo abras.

Las redes sociales y la privacidad

La privacidad significa que la gente sepa qué están firmando

STEVE JOBS

Las redes sociales han traído a nuestras vidas muchos beneficios. Son herramientas que usadas correctamente tienen aspectos muy positivos. El problema, como con cualquier tecnología, surge cuando las usamos mal.

Estas plataformas se han hecho un hueco en la vida de millones de personas. Son plataformas en las que publicamos información personal (en ocasiones, demasiada), que no sabemos hasta dónde puede llegar. Nuestra privacidad está en juego.

Hemos repasado en los anteriores capítulos diferentes ciberataques y amenazas en las que el objetivo es robarnos nuestros datos más privados. Sin embargo, en las redes sociales muchos usuarios airean privacidades sin pensárselo, dejando el camino abierto.

Las redes sociales (y todo tipo de programas, servicios o herramientas que hagan uso de nuestra información) tienen una gran responsabilidad a la hora de manejar nuestros datos. Deben mantenerlos seguros y sobre todo, deben cumplir lo que prometen. Cuando nos inscribimos a cualquier servicio online firmamos un acuerdo de licencia y unas políticas de privacidad. Es una realidad que los usuarios (por lo general) no leemos estas políticas. Es un error, deberíamos leerlas e informarnos sobre lo que estamos firmando. Las empresas, por otro lado, deberían simplificar esas políticas para que sean más digeribles.

Además, como decíamos, tienen la responsabilidad y obligación de respetarlas. Los usuarios debemos exigir a todas las empresas que manejen nuestros datos que sean transparentes sobre el uso que hacen de ellos.

IMPORTANTE

El Reglamento General de Protección de Datos de la Unión Europea (más conocido por sus siglas **GDPR** *o RGPD), es una normativa que ha entrado en vigor con el objetivo de dar a los ciudadanos un mayor control sobre sus datos. Las empresas y organizaciones están obligadas a informar sobre los datos que almacenan de los usuarios, y estos tienen el derecho de decidir cómo quieren que se traten estos datos, sobre todo a nivel de información y comunicaciones comerciales. https://www.eugdpr.org/*

Ahora bien, los usuarios también tenemos que ser responsables con los datos que publicamos. Ser conscientes de que perdemos el control de cualquier cosa que subamos a la red, que se convierte en información pública. Y conocer las características específicas de cada red social para configurarlas con la máxima seguridad.

Muchos de los problemas derivados del uso de las redes sociales suelen provenir de un mal uso de estas o de nuestros datos.

Es importante conocer los riesgos de un uso inadecuado de estas tecnologías, cómo prevenir posibles problemas derivados de ellos y cómo cuidar nuestra privacidad.

¿Publicamos demasiada información?

Existe una tendencia a publicar demasiada información personal. La realidad es que en las redes sociales, cuanta más información personal publiques, más expuesto estarás.

Por ejemplo, si publicamos que nos vamos de vacaciones unos días, y también hemos publicado anteriormente en qué localidad residimos e incluso fotografías del exterior de la casa… no es muy difícil para alguien con malas intenciones averiguar dónde vives y aprovechar esos días que no vas a estar para darte una "sorpresa".

Debemos ser conscientes de lo que estamos informando públicamente y a quién. En las redes sociales, todo lo que hacemos está comunicando sobre nosotros: otros perfiles que nos han gustado, comentarios que hemos hecho en otras publicaciones… Los atacantes pueden usar esa información que estamos facilitando para obtener datos sobre nosotros con sencillas búsquedas que no requieren grandes conocimientos técnicos. Esa información la pueden usar, por ejemplo, en ataques de ingeniería social.

Y no solamente ciberdelincuentes. Piensa en una persona que esté en un proceso de selección para un puesto de trabajo. Es muy habitual que los reclutadores investiguen sobre la vida digital del posible trabajador. Fotografías, comentarios o posts desafortunados podrían suponer un problema.

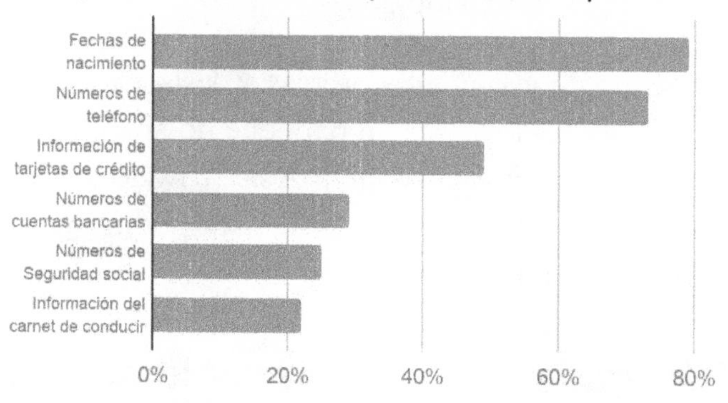

Tipos de información más común que los usuarios hacen disponible online y es usada por atacantes. Datos de 2017. Fuente: ENISA

Usamos las redes sociales sin darnos cuenta de que no son meramente "virtuales", son muy reales. Todo lo que publiquemos en ellas puede tener consecuencias.

Lo mismo ocurre con las fotografías de carácter personal, que tan alegremente regalamos. No significa que no podamos publicar nada personal, pero sí que valoremos antes de publicarlo las posibles consecuencias que puede tener. Cuando se publica algo, perdemos el control sobre ese contenido. Puede quedar en los servidores del servicio online o red social, pero también otros usuarios pueden haber hecho capturas de pantalla o guardar las fotografías.

La **geolocalización** es otra de las funcionalidades con las que debemos tener cuidado. La mayoría de los teléfonos inteligentes cuentan con GPS. Las redes sociales acceden a esta función si lo hemos autorizado en los permisos. No dejes a la aplicación de la red social acceder a la ubicación (en general, a ninguna aplicación que no lo requiera para su función).

En la configuración de las propias redes sociales se puede desactivar la localización para que no aparezca en las publicaciones o imágenes. Si lo dejas activado y con cada post muestras dónde estás, cualquiera podría trazar un patrón de tus movimientos.

Configuración de la privacidad en las redes sociales

Un ejercicio importante es configurar la privacidad de los perfiles en redes sociales, para que sean lo más cerrados posible. Por lo menos en los que sabes que vas a exponer información personal.

La mayoría de las redes sociales cuentan con configuraciones de privacidad y seguridad en las que podemos especificar quién queremos que vea nuestras publicaciones.

En el caso de Facebook, la red social con más usuarios del mundo, podemos especificar si lo que publicamos queremos que lo pueda ver todo el mundo, nuestros contactos, o solo algunos de ellos.

Muchos usuarios tienen sus perfiles o publicaciones abiertas a todo el mundo sin saberlo. Otros incluso tienen activada la opción para que se indexe su perfil. Que un contenido esté indexado significa que puede ser encontrado por buscadores como Google, y aparecerá en los resultados, de forma que cualquier persona podrá encontrar ese perfil fácilmente. Es recomendable desactivar esta opción. También las opciones para ser encontrados a través del e-mail o número de teléfono, que pueden ser usados con malas intenciones.

Es recomendable que configures los perfiles para que sean privados, y solamente tus amigos puedan ver la información que publicas. Otra opción es crear listas de contactos y personalizar la visibilidad de cada publicación.

- **Información sobre configuración en Facebook:** https://www.facebook.com/help/
- **Opciones de seguridad en Twitter:** https://twitter.com/settings/safety

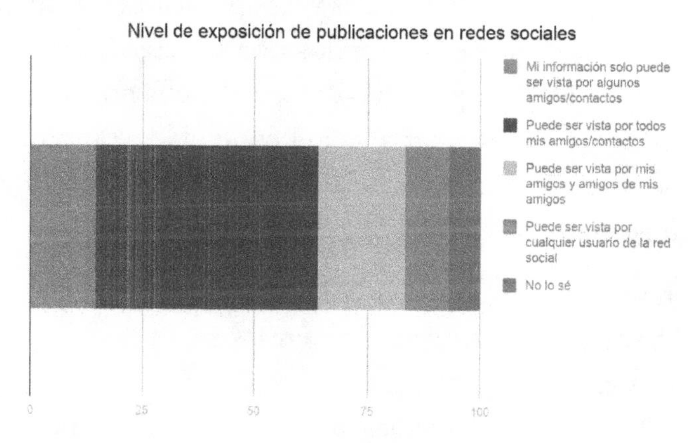

Datos de 2016. Fuente: ONTSI

No te dejes llevar por los bulos y las noticias falsas

Las redes sociales ejercen una enorme influencia en los usuarios a la hora de informarse sobre la actualidad. En muchas ocasiones, quedándose solo con un titular llamativo o una imagen sorprendente compartida por cientos o miles de personas.

Pero si no vamos más allá y nos dejamos llevar, podemos estar dejándonos engañar por un titular falso o por una fotografía o vídeo manipulado. El hecho de que lo publique o comparta mucha gente no es sinónimo de que sea cierto. Cada uno de nosotros, como lectores y usuarios, debemos buscar la verdad.

Llamadas últimamente *fake news*, las **noticias falsas** no son algo nuevo. Eso sí, internet ha permitido que se propaguen de forma mucho más rápida. En segundos, una noticia (falsa o no) puede estar en la otra punta del mundo.

Y resulta que las redes sociales y las aplicaciones de mensajería son los lugares preferidos por sus creadores para difundirlas. Muchas personas comparten una noticia solo por el titular, sin acceder a leer el contenido, comprobar que se trata de una fuente fiable o si la información es contrastada.

De hecho, un estudio del MIT (Instituto Tecnológico de Massachusetts) afirma que, en las redes sociales, las noticias falsas se propagan más rápido que las noticias verdaderas. Siendo además usuarios reales quienes las difunden, no "máquinas" o "bots" (servicios automatizados que propagan publicaciones de forma masiva). El motivo, según apunta dicha investigación, es que son más "sorprendentes y divertidas" que las reales.

Las redes sociales están trabajando en sistemas que permitan detectar estas noticias falsas, pero no es nada fácil. Mientras avanza la tecnología, los usuarios debemos aprender a detectar este tipo de noticias para no ser víctimas de engaños. Tanto en las redes sociales como fuera de ellas.

Los **bulos,** por otro lado, son esos mensajes alarmantes que advierten sobre un inminente ataque terrorista o robos sorprendentes sobre los que deberíamos estar alerta; no son más que intentos de generar confusión.

Muchos de ellos llevan circulando años por las redes y aplicaciones de mensajería, y se "reactivan" en momentos específicos, aprovechando noticias de actualidad. No te dejes engañar. Con una simple búsqueda en internet encontrarás noticias y alertas de las propias Fuerzas y Cuerpos de Seguridad del Estado advirtiendo del engaño.

Evita los enlaces acortados

Existen muchos servicios en internet que permiten convertir las URL de las páginas web (la dirección que vemos en la barra de direcciones), que en ocasiones son muy largas, por un conjunto de unos pocos caracteres.

Son muy usados sobre todo en redes sociales, donde la cantidad de caracteres para publicar es limitada. Además de ser más estéticos, se usan también para medir las visitas a una web a través de ese enlace acortado. Algunos de los más usados comienzan por *ow.ly* o *bit.ly* pero hay muchísimos más, que dependen del programa "acortador" de enlaces.

Su finalidad es buena, el problema, como todo, es que también se usan con malos propósitos. Los atacantes se aprovechan de que, al estar modificados, no sabemos a dónde nos están dirigiendo. Los usan para esconder enlaces a páginas maliciosas, desde donde nos pueden robar datos personales o descargar algún tipo de malware.

Debemos asegurarnos antes de acceder a uno de estos enlaces. Navegando por internet en un ordenador, podemos pasar el ratón por encima del enlace (sin llegar a hacer *clic*), y podremos ver en la esquina inferior izquierda del navegador la URL (dirección de la página web) a la que nos dirige ese link acortado.

En el móvil no tenemos esa opción, por eso hay que ser más precavidos. Existen servicios online que nos permiten pegar un enlace acortado para comprobar a dónde nos lleva, y si el sitio es legítimo o malicioso.

Enlaces: haz una comprobación previa

Al igual que existen herramientas para acortar enlaces, existen para "desacortarlos". Tenemos la opción de usar servicios online que nos permiten comprobar si esos enlaces acortados son legítimos o no. Tan solo tenemos que copiar el enlace y pegarlo en ese buscador específico de forma segura. Te dirá a dónde redirige ese enlace, y si es de fiar o no.

Existen muchos tipos de herramientas “desacortadoras”. Una opción es *https://unshorten.it/* que además de mostrarte el nivel de confianza del enlace, permite ver una previsualización de la web a la que dirige. Permite también instalar una extensión en el navegador para comprobarlo más cómodamente.

Tu identidad digital

Precisamente debido a la gran cantidad de información personal y fotografías que existen en las redes sociales e internet, se han creado nuevos problemas y delitos digitales relacionados con la identidad. El **robo de identidad** y la **suplantación de identidad** son dos de ellos, bastante frecuentes en redes sociales.

En la **suplantación de identidad**, una persona crea un perfil usando el nombre y fotografías de una víctima, para usurpar su identidad.

En el caso del **robo de identidad**, un atacante consigue las credenciales de un perfil de una red social (a través de ataques de phishing, por ejemplo), y se hace pasar por la víctima, publicando o enviando mensajes personales en su nombre.

En ambas situaciones un ciberdelincuente podría realizar actividades delictivas en el nombre de la víctima.

En cuanto detectemos o sospechemos que algo así puede estar ocurriendo, debemos denunciarlo a la propia red social (prácticamente todas cuentan con métodos para denunciar este tipo de acciones). Si el problema no se resuelve, puedes ponerlo en conocimiento de las Fuerzas y Cuerpos de Seguridad del Estado.

Ciberdelitos en el código penal

En el caso de la suplantación, el uso solamente del nombre de otra persona no se considera delito. Pero si se usa la fotografía del suplantado y datos personales, sí, ya que se estaría vulnerando el derecho a la propia imagen, recogido por el artículo 18 de la Constitución Española. También se produciría una usurpación de la identidad, penado por el artículo 401 del Código Penal con hasta 3 años de cárcel.

Acceder de forma ilegítima al servicio de un usuario (robando sus credenciales) también infringe la ley y se considera delito.

Prevención y consejos sobre redes sociales

- **No aceptes solicitudes de amistad de desconocidos.** Tanto en redes sociales como en aplicaciones de mensajería. En internet, no todo el mundo es quien dice ser.
- **Si detectas un contenido ofensivo, denúncialo.** Algunas redes sociales tienen mejores mecanismos que otras, pero la mayoría permiten informar sobre comportamientos inadecuados.
- **Evita acceder a enlaces acortados que no sabes a dónde te dirigen.** Compruébalos mediante servicios online.
- **No te dejes engañar por noticias falsas y bulos.** Comprueba la fuente y contrasta que la información sea veraz.

- **Usa una contraseña fuerte.** Y a ser posible, el sistema de autenticación en dos pasos.
- **Desactiva la geolocalización** de tus publicaciones.

Derecho al olvido

En muchas ocasiones aparece nuestro nombre o datos personales en los resultados de búsquedas en internet, de forma que cualquiera puede acceder a ellos fácilmente. Pueden tratarse de datos privados que no queremos que estén a la vista de cualquiera.

Para eliminarlos del sitio web, hay que dirigirse al responsable de ese sitio expresamente, pero también tenemos la opción de eliminar esos resultados de la búsqueda para que encontrarlos no sea tan sencillo.

Podemos ejercer nuestros derechos de acceso, rectificación, cancelación y oposición a esos resultados. Eso sí, solo en los casos en que los resultados sean mostrados de forma inadecuada, irrelevante o excesiva.

Esta posibilidad de dictaminó por el Tribunal de Justicia de la Unión Europea en 2014. La web de la Agencia Española de Protección de Datos ofrece información sobre ello:

https://www.agpd.es/portalwebAGPD/CanalDelCiudadano/derecho_olvido/index-ides-idphp.php

Acoso a través de la red

Uno de los peligros que acarrean las redes sociales y otras tecnologías y herramientas, como la mensajería instantánea, es que se han convertido en vehículos para perpetrar delitos de acoso y extorsión. Cualquier usuario puede ser víctima de insultos y acoso a través de estas plataformas.

Ciberacoso o ciberbullying

El acoso e intimidación que sufre una persona a través de internet (redes sociales, páginas web, servicios de mensajería...) se conoce como ciberacoso o ciberbullying (del inglés *bullying*: abuso, acoso). El daño es consciente y repetido en el tiempo: humillaciones, insultos, ridiculizar a la víctima, difundir mentiras o rumores... Es intencional, para causarle un daño emocional.

Los medios usados para realizar el acoso son muchos: redes sociales, aplicaciones de mensajería, foros de internet, páginas web, juegos online...

Son situaciones muy complejas que provocan graves consecuencias en las víctimas, desde daños a su autoestima, depresión, problemas de convivencia e incluso suicidio. El acoso a través de los medios digitales acarrea el problema de que los acosados reciben esa presión de forma constante. El acoso puede ser realizado por extraños o por personas conocidas.

Sextorsión

La sextorsión consiste en un chantaje. El acosador consigue imágenes íntimas de la víctima, que utiliza para extorsionarla. Amenaza con publicarlas o enviarlas a sus conocidos si no hace lo que pide. El acosador ha podido obtener esas imágenes de la propia víctima (una ex pareja, por ejemplo), o puede ser un estafador desconocido.

En muchas ocasiones, la estafa comienza en las redes sociales. A un usuario le llega una invitación de amistad de una persona con una fotografía atractiva. Si acepta, no tardará en comenzar una conversación con la víctima, tratando de establecer confianza con ella para pedir en algún momento fotos o vídeos de carácter sexual.

Si la víctima llega a enviarlos, esas imágenes estarán a merced de un estafador, que nunca es quien dice ser. Usará esos contenidos para extorsionar a la víctima a cambio de dinero por no publicar esas fotos.

Prevención y consejos:

- **No ofrezcas demasiada información en internet.** Evita facilitar datos personales.
- **Evita responder a los insultos.** Mantén la calma, no cedas a las provocaciones.
- **No cedas a la manipulación.** Si un agresor dice (o dice tener) imágenes o datos privados, no es recomendable ceder al chantaje. La situación podría empeorar o pedir cada vez más.

- **En su caso, denuncia.** Las redes sociales en su mayoría tienen espacios para denunciar perfiles que están cometiendo abusos.
- **Razona y usa el sentido común.** Es cuanto menos sospechoso que un chico o chica explosiva te contacte a través de una red social sin conocerte de nada y establezca una conversación "subida de tono".
- **Fíjate en el perfil de esa persona que te ha contactado.** Normalmente no tienen muchas fotografías (las que tienen son falsas, obtenidas de internet), amigos ni contenido publicado.
- **Denuncia el acoso o la extorsión a las autoridades.** Guarda las pruebas para poder aportarlas: capturas de pantalla, conversaciones...

Internet y los menores

Los ciberdelitos que hemos visto antes afectan muy especialmente a los menores, que están siendo también el objetivo en muchos casos de estos delitos, lo que requiere el conocimiento y la colaboración por parte de toda la sociedad.

El ciberacoso, grooming y sexting son los delitos de acoso más frecuentes. Conductas que han aumentado considerablemente durante los últimos años, y que debido a recientes modificaciones en la legislación, están tipificados como delitos por el Código Penal.

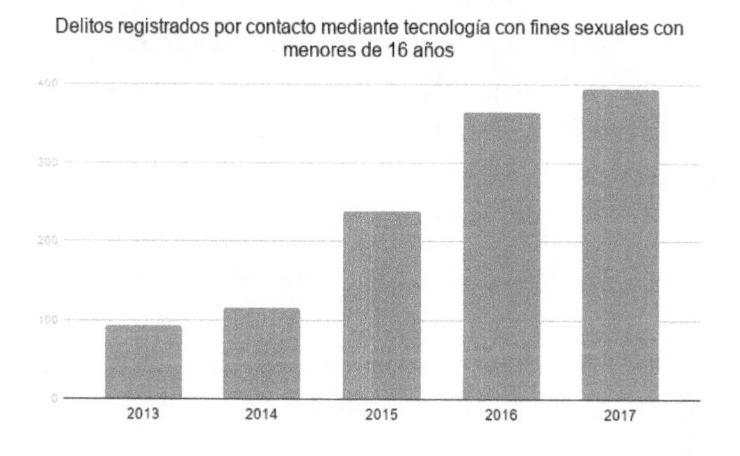

Fuente: Ministerio del Interior, Fuerzas y Cuerpos de Seguridad del Estado

Ciberacoso (ciberbullying)

En el caso de los **menores**, se considera **ciberbullying** el acoso que se produce entre iguales (entre menores), en el que se usan medios digitales para dañar a la víctima.

Estas situaciones de acoso se pueden producir entre dos menores o por parte de un grupo de menores hacia un menor en concreto, situación muy habitual.

Se podría decir que es una "versión online" o evolución del acoso escolar. El problema se ha trasladado de las aulas a internet, siendo si cabe, aún más peligroso. El acoso en la escuela termina de alguna forma cuando se acaban las clases, pero en el caso del cyberbullying, los insultos no cesan durante las 24 horas del día.

El acosador puede infligir daño a la víctima alcanzando su espacio más íntimo, como su domicilio. Esta sensación de "no poder escapar" del acoso genera a la víctima una situación de estrés que puede afectar seriamente en su desarrollo.

Los ciberacosadores, por otro lado, pueden llegar a tener sensación de "impunidad" o "anonimato", sintiéndose protegidos por la pantalla. Los menores que cometen este tipo de delitos también pueden llegar a tener responsabilidades penales. Sus padres o tutores legales serán quienes respondan por los daños causados.

Según el Ministerio del Interior, en España se registraron 824 casos de ciberacoso a menores en el año 2012. En

2017, la cifra aumentó en un 65 %, hasta los 1.364 casos.

Los menores de 14 años no tienen responsabilidad penal por los delitos cometidos. Pero eso no exime a los padres o tutores, que podrían tener responsabilidad civil por todos los perjuicios causados.

Los menores de 14 a 18 años sí tienen responsabilidad penal por todos los delitos tipificados en el Código Penal, además de la responsabilidad civil que se les puede exigir por daños y perjuicios causados, por la que también responden de forma solidaria sus padres o tutores.

Grooming

El **grooming** es como se conoce al acoso hacia un menor por parte de un adulto a través de medios digitales. El acosador trata de ganarse la confianza y embaucar al menor, haciéndose pasar por otro menor, imitando el comportamiento y lenguaje de un niño o adolescente de su edad. Los fines últimos pueden ser el abuso sexual, la pornografía infantil o tratar de chantajear o extorsionar al menor.

Los adultos autores del delito en ocasiones obtienen información personal que el menor ha facilitado en sus redes sociales para engañarle más fácilmente y ganarse su confianza. Por ejemplo, si la víctima ha ofrecido información sobre su centro educativo, el acosador puede iniciar la conversación haciéndole creer que tienen un amigo común en ese colegio.

Normalmente se hacen pasar por niños o adolescentes de la misma edad de la víctima. El gancho parecerá creíble, y el menor cogerá confianza.

Poco a poco van comenzando a preguntar y a obtener información más personal. Una vez que han obtenido suficiente confianza, les coaccionan para obtener fotografías o vídeos comprometidos o de carácter sexual, o que posen desnudos a través de la webcam.

En el peor de los escenarios, los acosadores tratarán de organizar un encuentro en el que establecer un contacto físico.

Sexting

El **sexting** es una práctica que consiste en enviar imágenes o vídeos propios íntimos o de carácter sexual. Pueden ser tomadas por los propios protagonistas de las imágenes, o por terceras personas con su consentimiento. El riesgo radica en que, al enviar esos contenidos, sus dueños pierden el control sobre ellos. Una vez en manos de terceros, pueden ser difundidos de manera no consentida.

Por tanto, comienza con una acción voluntaria por parte de la víctima, que suele enviarlas en primer lugar a personas de confianza.

Lo más habitual es que las imágenes sean tomadas con la cámara del smartphone o webcam y sean enviadas a través de servicios de mensajería, con lo que resultan muy fáciles de difundir.

La difusión o cesión a terceros de este tipo de imágenes o grabaciones sin consentimiento de la persona afectada y cuando menoscabe gravemente su intimidad, se considera un delito.

Como veíamos antes, se considera **sextorsión** cuando se usan esas imágenes con la finalidad de chantajear a ese menor, normalmente mediante la obligación de que realice actos en contra de su voluntad.

Privacidad y abuso de tecnología

Algunos de los problemas de los menores no están solamente asociados a delitos que se puedan cometer sobre ellos, sino al uso que hacen de las tecnologías, en muchos casos indebido o excesivo.

Muchos publican demasiada información personal, sin ser conscientes de los riesgos que ello conlleva. La **prevención** y la **educación** son herramientas fundamentales para evitar estos problemas.

Cómo detectar casos de acoso en los menores

Los expertos destacan que cuando un menor está siendo víctima de este tipo de acciones, suele experimentar cambios en su comportamiento y personalidad. Mostrarse reacio a hablar, a salir de casa, inquietud cada vez que tiene que ir al centro educativo, cambio en sus hábitos, su estado de ánimo o incluso cambios físicos.

Consejos y prevención de delitos de acoso sobre menores:

- **Fomenta el diálogo sobre internet y las tecnologías.** En casa, conversa con transparencia sobre hábitos de navegación seguros y los riesgos que existen en internet y las redes sociales, como que no todo el mundo es quien dice ser. Es importante que cuando el menor tenga un problema, sienta que puede hablarlo abiertamente con un adulto.
- **Habla sobre privacidad y respeto.** Los menores se han desarrollado con el uso de las nuevas tecnologías, y su concepto de privacidad puede ser muy diferente al de los adultos. Para ellos, compartir su vida digitalmente no es un problema y no ven los riesgos. Hay que explicarles que esa información puede ser usada por personas con malas intenciones y las amenazas que existen. También hay que inculcarles valores como el respeto online; que detrás de las pantallas hay personas.
- **Usa filtros y herramientas de control parental.** Existen una gran cantidad de herramientas que ayudarán a los padres a gestionar el acceso a internet, bloqueando páginas con contenido inapropiado. Existen muchas soluciones gratuitas y pueden ser una gran ayuda
- **Coloca el ordenador en una zona común.** Algunos expertos recomiendan este hábito para convertir la navegación por internet en un elemento familiar y controlar posibles adicciones o detectar problemas, como una situación de acoso.
- **No olvides la importancia de la educación.** Es crucial, así como monitorizar la actividad de los menores en los dispositivos que más usan, principalmente smartphones y tablets.

- **Ante todo, apoya**. Si ocurre algo y el menor da el paso de contar lo que sucede, es importante mantener la calma, en ningún caso culpar a la víctima y siempre mostrar apoyo, comprensión y disposición a ayudar.
- **En casos graves, pide ayuda.** Existen líneas de ayuda y asociaciones que asesoran sobre estos casos. En su caso, ponlo en conocimiento de las Fuerzas y Cuerpos de Seguridad del Estado y denuncia cuanto antes. En ningún momento debemos dejarnos llevar e intentar contactar con el acosador nosotros mismos.
- **Si el menor ha sido víctima de cualquier tipo de acoso o chantaje, es importante que no elimine nada.** Registros de llamadas, mensajes, capturas de pantalla... Incluso los enviados por la víctima. Toda evidencia facilitará el trabajo a la hora de identificar o perseguir al acosador.

Más información y ayuda

Se ha descrito una pequeña parte de los riesgos a los que se enfrentan los menores en la red, pero desafortunadamente hay muchos más, y es muy importante estar informado. Existen organismos y páginas web que informan acerca de estos peligros, y ofrecen información para padres y menores.

> i **IS4K** (Internet Segura For Kids) es el centro de menores del INCIBE, que cuenta con una completa información online sobre los problemas de los menores en internet. Además, tienen una línea telefónica donde se puede solicitar ayuda o información. https://www.is4k.es/

Me han ciberatacado, ¿ahora qué hago?

Como hemos visto, la prevención es fundamental. Sin embargo, como la seguridad al 100% no existe, en ocasiones pueden ocurrir incidentes, aunque se pongan las barreras necesarias.

Por eso también es necesario conocer a quién acudir si ocurre algo y qué pasos tomar. Si has sido víctima de un ciberdelito, debes ponerlo en conocimiento de las autoridades. Las Fuerzas y Cuerpos de Seguridad del Estado cuentan con unidades específicas para encargarse de la investigación de estos delitos, y en su caso recabar las pruebas necesarias para aportarlas en un proceso judicial.

- **Si eres víctima de un ciberdelito, denúncialo**. Ponlo en conocimiento de las autoridades lo antes posible. También si eres testigo de ellos, debes comunicarlo.
- **Es importante actuar a tiempo.** En cuanto tengas conocimiento de un delito, ponte en contacto con los profesionales. Ellos te asesorarán sobre los siguientes pasos que debes tomar.
- **No elimines ninguna prueba**. Si has sido víctima de un delito como el ciberacoso es importante que no se eliminen ni alteren ninguna de las pruebas. Conversaciones por correo electrónico, chats, fotografías... Serán de gran valor para los investigadores.

- **En caso de fraude, ponte en contacto con la compañía.** Si eres víctima de una estafa y crees que han robado datos bancarios o de cualquier otro servicio, debes ponerte en contacto lo antes posible con la entidad.

Dónde acudir

Las autoridades cuentan con mecanismos para poner en conocimiento o alertar acerca de delitos informáticos a través de sus webs. Para denunciar un delito como víctima, debes acudir en persona, y puedes hacerlo en cualquier centro policial o juzgado.

- **Grupo de Delitos Telemáticos (GDT)** de la Guardia Civil. https://www.gdt.guardiacivil.es/
- **Unidad de Investigación Tecnológica (UIT)** del Cuerpo Nacional de Policía. https://www.policia.es/colabora.php
- **Centro de respuesta a incidentes del CERTSI** https://www.certsi.es/respuesta-incidentes

Lo que está por venir

A lo largo de estos capítulos se han explicado diferentes incidentes de seguridad, amenazas, ciberataques y ciberdelitos que han ido creciendo en número y sofisticación, y evolucionando en el tiempo. Sin duda, lo seguirán haciendo, adaptándose a las diferentes tecnologías que se popularicen entre los usuarios.

Por ejemplo el denominado **Internet de las Cosas** o Internet of Things (muchas veces nombrado por sus siglas IoT) es la tendencia de conectar a internet cada vez más objetos y dispositivos.

En nuestros hogares contamos ya con algunos dispositivos conectados, pero en los próximos años serán muchos más. Ya se comercializan televisores, frigoríficos, cafeteras e incluso tostadoras conectadas a internet.

Poder ofrecernos datos sobre los alimentos que se nos están acabando en la nevera y tenemos que añadir a la lista de la compra, o programar la cafetera para tener nuestro café listo a primera hora de la mañana, son algunas de las funcionalidades que ofrecen. Los coches también se están conectando cada vez más a internet, para ofrecer todo tipo de ayudas a la conducción o de entretenimiento.

Tecnologías con muchas ventajas que, mal empleadas, pueden generar riesgos y problemas. En el caso de estos dispositivos, el problema es que algunos fabricantes no tienen en cuenta los riesgos que supone conectar estos objetos a internet, y no implementan protocolos de seguridad necesarios, con lo que tienen vulnerabilidades de fábrica. Por ejemplo, un atacante podría tomar el control remoto de esos objetos.

El hecho de que nos manipulen la cafetera no parece muy dañino, pero, ¿y si controlaran de forma remota nuestro vehículo? La realidad es que ya se han realizado pruebas, y es perfectamente posible. Asimismo, televisores inteligentes han sido ya víctimas de ciberataques como el ransomware.

Una de las soluciones a esta problemática es que los fabricantes implementen esas medidas de seguridad en sus dispositivos desde el diseño. Como hemos visto, cualquier sistema puede tener vulnerabilidades, y un atacante puede encontrarlas. Todos estos dispositivos contarán con productos y soluciones de seguridad adaptadas a ellos. De hecho, ya se han desarrollado los primeros antivirus que protegen el hogar conectado.

Las amenazas avanzan y se adaptan, pero los mecanismos de los ciberataques no varían: manipulación, extorsión, robo de datos… Por tanto, las medidas de precaución contra esas conductas, también.

Esto no es el fin, es el principio

La intención de este libro es que sea un punto de partida, un manual en el que aprender los conceptos básicos de ciberseguridad que ayuden a proteger nuestras vidas digitales. Pero también, que sea un comienzo para seguir aprendiendo sobre este tema, que avanza e innova con mucha rapidez.

Constantemente surgen nuevas técnicas de ataque y delitos digitales. Los ciberdelincuentes piensan en formas creativas y lucrativas de hacerse con nuestros datos. Por eso es importante mantenerse actualizado. Existen muchas webs, medios y blogs especializados que tratan la ciberseguridad desde distintos puntos de vista y niveles técnicos e informan sobre las nuevas amenazas.

Las Fuerzas y Cuerpos de Seguridad del Estado cuentan con plataformas online y redes sociales donde publican a diario nuevas alertas, como campañas de phishing, bulos o fraudes online. Es interesante seguir este tipo de informaciones para conocer de primera mano y cuanto antes estos ataques que pueden llegar hasta nosotros o nuestros familiares y amigos.

Recuerda que internet y las nuevas tecnologías son herramientas beneficiosas con innumerables aportaciones positivas en nuestras vidas, y también que su utilización de forma indebida conlleva riesgos. Conocer que existen y cómo prevenirlos es una de las mejores herramientas de seguridad para disfrutar al máximo de nuestra vida digital.

Anexo

Guía de buenas prácticas en ciberseguridad publicado por el CCN:

https://www.ccn-cert.cni.es/informes/informes-ccn-cert-publicos/2488-ccn-cert-bp-01-16-principios-y-recomendaciones-basicas-en-ciberseguridad-1/file.html

Glosario con términos de seguridad informática publicado por INCIBE:

https://www.incibe.es/sites/default/files/contenidos/guias/doc/guia_glosario_ciberseguridad_metad.pdf

Temas relevantes del Instituto de Estudios Estratégicos, con un enfoque de ciberdefensa:

http://www.ieee.es/temas/ciberseguridad/

Actualidad y reportajes sobre ciberseguridad y tecnología:

https://bitlifemedia.com/

Noticias, opiniones y análisis de la comunidad de seguridad de ESET

https://www.welivesecurity.com/la-es/

El CSIS (Center for Strategic Studies), publica análisis del impacto del cibercrimen:

https://www.csis.org/analysis/economic-impact-cybercrime

IC3 es el departamento de cibercrimen del FBI. Publican informes anuales sobre ciberamenazas globales:

https://www.ic3.gov/default.aspx

Últimos informes de CCN-CERT públicos:

https://www.ccn-cert.cni.es/informes/informes-ccn-cert-publicos.html

El Mando Conjunto de Ciberdefensa publica boletines semanales con noticias del sector:

http://www.emad.mde.es/CIBERDEFENSA/

Estudios y estadísticas sobre cibercrimen y ciberseguridad https://www.statista.com/search/?q=cybersecurity

Agencia Española de Protección de datos

https://www.agpd.es/

Glosario de términos de ENISA (Agencia Europea de Seguridad de las Redes y de la Información)

https://www.enisa.europa.eu/topics/csirts-in-europe/glossary

Alertas del CERT de Estados Unidos

https://www.us-cert.gov/ncas/alerts

Herramientas de control parental y materiales didácticos para padres y menores de IS4K

https://www.is4k.es/de-utilidad

Autores para la formación

Editatum y **GuíaBurros** te acercan a tus autores favoritos para ofrecerte el servicio de formación GuíaBurros.

Charlas, conferencias y cursos muy prácticos para eventos y formaciones de tu organización.

Autores de referencia, con buena capacidad de comunicación, sentido del humor y destreza para sorprender al auditorio con prácticos análisis, consejos y enfoques que saben imprimir en cada una de sus ponencias.

Conferencias, charlas y cursos que representan un entretenido proceso de aprendizaje vinculado a las más variadas temáticas y disciplinas, destinadas a satisfacer cualquier inquietud por aprender.

Consulta nuestra amplia propuesta en **www.editatumconferencias.com** y organiza eventos de interés para tus asistentes con los mejores profesionales de cada materia.

CPSIA information can be obtained
at www.ICGtesting.com
Printed in the USA
FSHW011815210521
81697FS

9 788494 864391